Ingo Juchler

1918/1919 IN BERLIN

SCHAUPLÄTZE DER REVOLUTION

be.bra verlag

Bibliografische Information der Deutschen Nationalbibliothek
Die Deutsche Nationalbibliothek verzeichnet diese Publikation
in der Deutschen Nationalbibliografie; detaillierte bibliografische
Daten sind im Internet über http://dnb.d-nb.de abrufbar.

© berlin edition im be.bra verlag GmbH
Berlin-Brandenburg, 2018
KulturBrauerei Haus 2
Schönhauser Allee 37, 10435 Berlin
post@bebraverlag.de
Lektorat: Matthias Zimmermann, Berlin
Satz: typegerecht, Berlin
Schrift: Milo Serif 10/14 pt
Druck und Bindung: Finidr, Český Těšín
ISBN 978-3-88148-0232-9

www.bebraverlag.de

INHALT

EINFÜHRUNG

Die deutsche Revolution vom November 1918 hatte ihren Ausgang Ende Oktober in Wilhelmshaven und Kiel genommen: Nachdem der Stabschef der Seekriegsleitung, Admiral Reinhard Scheer, der Hochseeflotte den Befehl erteilt hatte, zu einer letzten Entscheidungsschlacht gegen die britische Grand Fleet auszulaufen, war der bislang geheim gehaltene Plan zu den Mannschaften durchgesickert. Die Matrosen jedoch, von denen viele Anhänger der Unabhängigen Sozialdemokratischen Partei Deutschlands (USPD) waren, wollten nicht in einer sinnlosen Schlacht den Opfertod sterben und forderten vielmehr einen möglichst schnellen Friedensschluss. Als die drei auf Schillig-Reede bei Wilhelmshaven liegenden Geschwader am 29. Oktober den Befehl zum Auslaufen erhielten, vorgeblich zu einem Flottenmanöver in der Deutschen Bucht, weigerten sich die Matrosen auf drei Schiffen die Anker zu lichten. Auf anderen Schlachtschiffen kam es zur offenen Meuterei, doch diese wurde niedergeschlagen und die Aufständischen festgesetzt. Nach diesen Vorkommnissen gab die Seekriegsleitung ihre Pläne für eine letzte große Seeschlacht auf – die Mannschaften erschienen dafür nicht zuverlässig genug. Die Matrosen wiederum setzten alles daran, ihre verhafteten Kameraden, die in Kiel ins Gefängnis gebracht wurden, wieder freizubekommen. Dazu nahmen sie Kontakt zu den sozialdemokratischen Parteien auf. Durch die Initiative des Matrosen Karl Artelt und des Werftarbeiters Lothar Popp (beide USPD) kam es am 3. November auf dem Großen Exerzierplatz in Kiel zu einer Demonstration von Matrosen und Arbeitern, bei der nicht nur der Ruf nach der Freilassung der Inhaftierten, sondern auch nach »Frieden und Brot« laut wurde. Bei dem Versuch, die inhaftierten Meuterer zu befreien, wurden sieben Personen getötet und zahlreiche schwer verletzt. Der Vorfall bildete den Anlass für einen Generalstreik am 4. November und zur Befehlsverweigerung auf den Schiffen. Damit nahm die Novemberrevolution ihren Anfang. Dem Beispiel der Aufständischen in Kiel, die Arbeiter- und Soldatenräte wählten, folgten alsbald Revolutionäre in weiteren Küstenstädten sowie in München, Braunschweig, Leipzig, Halle, Gotha und Köln. Am 9. November 1918 erreichte die revolutionäre Bewegung die Reichshauptstadt.

Der Krieg hatte aufgrund der deutschen Niederlage zum Zusammenbruch der Monarchie und zur Errichtung der ersten demokratischen Republik im Deutschen Reich geführt. Zugleich wurde der Verlauf der deutschen Revolution entscheidend von Ereignissen geprägt, die vom Weltkrieg ausgingen: Noch kurz vor Kriegsbeginn, am 25. Juli 1914, hatte der sozialdemokratische Partei- und Fraktionsvorsitzende Hugo Haase in einem Aufruf im Namen des Parteivorstandes gegenüber seinen Genossen erklärt:»Kein Tropfen Blut eines deutschen Soldaten darf den imperialistischen Profitinteressen geopfert werden. Der Weltkrieg droht! Die herrschenden Klassen, die Euch im Frieden knebeln, verachten, ausnutzen, wollen Euch als Kanonenfutter missbrauchen. Nieder mit dem Krieg!« Am 28. Juli demonstrierten Hunderttausende Menschen im gesamten Reich angesichts der wachsenden Kriegsgefahr, allein im Treptower Park kamen 200.000 Demonstranten zusammen. Tags darauf reisten Hugo Haase und Karl Kautsky nach Brüssel, um bei einem Sondertreffen des Internationalen Sozialistischen Büros mit anderen Führern der europäischen Arbeiterbewegung – u.a. Jean Jaurès für Frankreich, Viktor Adler für Österreich, Ilja Rubanowitsch für Russland, Keir Hardie für Großbritannien und Rosa Luxemburg für Polen – zu beraten, wie ein Krieg noch verhindert werden konnte. Mit Jaurès formulierte Haase eine Abschlussresolution, in der es hieß:»Die deutschen und die französischen Proletarier werden mit all ihren Kräften auf ihre Regierungen einwirken, dass die beiden Länder davon ablassen, den Weltfrieden zu gefährden.« Doch vergeblich: Nachdem Kaiser Wilhelm II. in seiner Thronrede am 4. August 1914 erklärt hatte, dass er keine Parteien, sondern nur noch Deutsche kenne, stimmten alle Abgeordneten des Reichstags für die Bewilligung der Kriegskredi-

Als Kaiser Wilhelm II. am 31. Juli 1914 den »Zustand drohender Kriegsgefahr« erklären lässt, wird dies von vielen Berlinern Unter den Linden begeistert aufgenommen.

te, aus Fraktionsdisziplin auch Hugo Haase und andere sozialdemokratische Kriegsgegner.

Doch schon bald stellten SPD-Abgeordnete die Politik des Burgfriedens infrage: Am 2. Dezember 1914 verweigerte Karl Liebknecht als erster Abgeordneter die erneute Bewilligung von Kriegskrediten, am 19. Juni 1915 veröffentlichten Eduard Bernstein, Hugo Haase und Karl Kautsky in der *Leipziger Volkszeitung* den Aufruf »Das Gebot der Stunde«, in dem der Krieg als »Eroberungskrieg« verurteilt wurde. Am 1. Januar 1916 trafen sich im Berliner Rechtsanwaltsbüro von Karl Liebknecht mit Rosa Luxemburg, Johann Knief, Franz Mehring, Otto Rühle u. a. sozialdemokratische Kriegsgegner aus dem gesamten Reich, die sich später Spartakusgruppe nennen sollten. An der Frage der Haltung zur Politik des Burgfriedens hatte sich ein Konflikt innerhalb der Sozialdemokratie entzündet, der zur Spaltung der SPD führte: Als am 24. März 1916 zusammen mit Hugo Haase 17 weitere SPD-Abgeordnete im Reichstag die Zustimmung zu einem Notetat verweigerten, wurden sie aus der Fraktion ausgeschlossen und gründeten die Sozialdemokratische Arbeitsgemeinschaft (SAG), aus der Ostern 1917 die USPD als eigenständige Partei hervorging.

Neben der innerparteilichen Opposition in der SPD entstand in den Berliner Großbetrieben mit den revolutionären Obleuten eine wirkmächtige Gruppe, die gegen die Politik des Burgfriedens opponierte. Die Obleute entstanden aus einem Kreis von Funktionären des Berliner Zweigs des Deutschen Metallarbeiterverbandes (DMV). Protagonist dieser Gruppe war Richard Müller, Leiter der Dreher-Branche im Verband. Zunächst beschränkte sich der oppositionelle Kreis auf die Eisen-, Metall- und Revolverdreher. Dieser übte großen Einfluss aus, denn hier waren die qualifiziertesten Arbeiter beschäftigt. Über gewerkschaftliche Fragen hinaus richtete sich die Kritik der Obleute im Verlauf des Krieges zusehends auch gegen die Gewerkschafts- und SPD-Führung, die an der Politik des Burgfriedens festhielten. Deshalb sympathisierten die Obleute nach der Spaltung der SPD mit der USPD, die sich für einen raschen Friedensschluss ohne Annexionen einsetzte.

Der Kern der Obleute umfasste etwa 50 bis 80 zuverlässige Vertrauensleute aus den Berliner Großbetrieben, die dort wiederum eine Gruppe von Vertrauensleuten um sich scharten. Maßgeblicher Kopf der Obleute war Richard Müller, der heute, so der Historiker Ralf Hoffrogge,»ein vergessener Revolutionär« ist. Der erste politische Streik, zu dem die revolutionären Obleute aufriefen, war ein Sympathiestreik für Karl Liebknecht aus Anlass von dessen Prozessbeginn am 28. Juni 1916: Der Anhänger der Spartakusgruppe war am 1. Mai 1916 auf dem Potsdamer Platz gegen die Fortsetzung des Krieges aufgetreten und verhaftet worden. Weiterhin waren die revolutionären Obleute maßgeblich am Lebensmittelstreik im April 1917 sowie am größten politischen Massenstreik während des Weltkriegs beteiligt, dem Streik der Berliner Rüstungsbetriebe Ende Januar 1918. Im Verlauf des Jahres 1918 kam mit Ernst Däumig ein Journalist in den engen Kreis der revolutionären Obleute. Däumig hatte am 4. August 1914 mit einigen anderen Redakteuren der SPD-Zeitung *Vorwärts* die Bewilligung der Kriegskredite durch die SPD-Reichstagsfraktion kritisiert, war im April 1917 am Gründungsparteitag der USPD in Gotha beteiligt und wurde von der Vollversammlung der Arbeiter- und Soldatenräte am 10. November 1918 zum Mitglied des Vollzugsrates des Arbeiter- und Soldatenrates Groß-Berlin gewählt. Darüber hinaus trat der Reichstagsabgeordnete Georg Ledebour, Mitglied des Partei- und Fraktionsvorstands der USPD, in den Kreis der Obleute. Außer Däumig und Ledebour gehörten den revolutionären Obleuten keine Intellektuellen, sondern nur Arbeiter an. Im Hinblick auf deren politisches Selbstverständnis führt der Politikwissenschaftler Peter von Oertzen aus: »Die revolutionären Obleute waren im Grunde nichts anderes als die Organisation der Arbeitermassen selbst. Wenn sie überhaupt in Aktion treten wollten, dann standen ihnen als Mittel nur Massenstreik und Demonstration zur Verfügung, also spezifisch außerparlamentarische Kampfformen. Das trennte sie von der USPD. Die enge Verbindung der Obleute mit den Betrieben und ihre daher rührende genaue Kenntnis der Massenstimmung hinderte sie jedoch daran, hemmungslos Aktionen um jeden Preis zu fordern. Das trennte sie von den Spartakisten.« Die revolutionären Obleute waren in entscheidender Weise an Entstehung und Verlauf der Novemberrevolution 1918 in Berlin beteiligt.

Die politische und militärische Führung des Deutschen Reiches war im August 1914 von einem kurzen Feldzug ausgegangen. Deshalb verfügte Deutschland über keine Nahrungsmittelreserven für den Krieg. Zusätzlich schränkte die alliierte Wirtschaftsblockade den Import von Lebensmitteln stark ein. So mussten bereits 1915 erste Grundnahrungsmittel rationiert werden, und die Lebensmittelpreise verteuerten sich rapide. Die unteren Bevölkerungsschichten in den großen Städten waren von der Mangelsituation in besonderer Weise betroffen. Entsprechend kam es hier zu ersten Protestaktionen gegen die sich verschlechternden Lebensbedingungen. So beobachtete ein Polizist Ende September 1915 vor den Verkaufsstellen in Berliner Arbeiterbezirken Gruppen von Frauen, die »ihrem Unwillen in lebhafter Weise untereinander Ausdruck« gaben: »Es herrscht hierbei eine äußerst gereizte Stimmung unter diesen Proletarierfrauen und die Maßnahmen der Regierung erfahren häufig eine recht gehässige Kritik.«

Frauen und Jugendliche demonstrierten nun spontan für »Frieden und Brot«. Mitte Oktober 1915 eskalierte die Situation im Berliner Stadtteil Lichtenberg, als Tausende Menschen sich aus Protest gegen die anhaltenden Versorgungsschwierigkeiten versammelten und Steine nicht nur in Geschäfte, sondern auch gegen Polizisten warfen. In der Folge kam es im gesamten Kaiserreich immer wieder zu Hungerkrawallen.

Im Winter 1916/17 spitzte sich die Ernährungslage der Bevölkerung dramatisch zu: Nach der witterungsbedingten Kartoffelmissernte 1916 mussten Steckrüben die Kartoffeln ersetzen. Zwar wurden nun Volksküchen errichtet, doch konnte damit die Not kaum gelindert werden. Nach Schätzungen starben etwa 700.000 Deutsche während des Krieges an den Folgen von Unterernährung.

In Berlin kam es nach dem »Steckrübenwinter« 1916/17 im April 1917 zu Brotstreiks. An der Streikbewegung waren weit über 100.000 Menschen beteiligt. Indessen erklärte der Leiter des Kriegsamtes, General Wilhelm Groener, in einem Aufruf gegen die Arbeitsniederlegungen: »Ein Hundsfott, wer streikt, solange unsere Heere vor dem Feinde stehen!« Die Soldaten waren gleichfalls von den Lebensmittelrationierungen betroffen. So auch die Matrosen der deutschen Hochseeflotte, die nach der Schlacht vor dem Skagerrak am 31. Mai 1916 gegen die britische Grand Fleet bei Wilhelmshaven vor Anker lag. Die Mannschaften fühlten sich im Hinblick auf ihre Verköstigung gegenüber den Offizieren in eklatanter Weise ungleich behandelt. Dazu kamen täglich Schikanen durch Offiziere, weshalb die unzufriedenen Matrosen Kontakte zur USPD aufnahmen und damit begannen, sich zu organisieren. In einem Aufruf der Matrosenbewegung vom Sommer 1917 heißt es: »Wem das Wohl unserer Daheimgebliebenen am Herzen liegt, wer für einen baldigen Frieden ist, der bekenne sich zur USPD. Nieder mit dem Krieg! Nieder mit dem Militarismus!« Im August 1917 – etwas mehr als ein Jahr vor dem für die Novemberrevolution folgenreichen Matrosenaufstand – führten Hunderte von Matrosen in Wilhelmshaven einen Protestmarsch durch, der seitens des Kriegsgerichts unter Beteiligung der Marineleitung mit zwei vollstreckten Todesurteilen geahndet wurde: Die aus Berlin stammenden Matrosen Albin Köbis und Max Reichpietsch, beide Teilnehmer der Seeschlacht am Skagerrak,

Die Matrosen Max Reichpietsch und Albin Köbis protestierten mehr als ein Jahr vor dem Kieler Matrosenaufstand gegen Krieg und Militarismus und wurden dafür hingerichtet.

wurden am 25. August 1917 auf dem Militärgelände in Köln-Wahn hingerichtet. Wilhelm Dittmann, Mitglied der USPD und von November 1918 an Mitglied im Rat der Volksbeauftragten, erkannte in der Erschießung von Köbis und Reichpietsch einen »militärischen Willkürakt aus politischen Motiven«.

Im Frühjahr 1918 unternahm die Oberste Heeresleitung (OHL) abermals eine große Offensive gegen die Alliierten der Entente-Mächte, um doch noch einen Siegfrieden zu erreichen. Allerdings scheiterten das Unternehmen »Michael« vom März 1918 und auch die darauf folgenden Offensiven des Deutschen Reiches an der Westfront bis zum Sommer endgültig. Vor dem Hintergrund der drohenden militärischen Niederlage kam die Führungselite des Kaiserreichs Ende September 1918 im Hauptquartier der deutschen Streitkräfte im belgischen Spa zusammen. Die OHL gestand ein, dass der Krieg verloren war. Nun sollte eine Parlamentarisierung der Monarchie erfolgen, bei der die Reichstagsmehrheit die Regierung bestimmt. Hinter dem Sinneswandel der OHL stand die Absicht, die Verantwortung für den verlorenen Krieg auf die Parteien der Reichstagsmehrheit, insbesondere auf die Sozialdemokraten, abzuwälzen. Erich Ludendorff, der nach der Entlassung Erich von Falkenhayns als Chef des Generalstabs im August 1916 zusammen mit Paul von Hindenburg die OHL führte und stets ein energischer Vertreter eines deutschen Siegfriedens war, erklärte deshalb am 1. Oktober 1918 vor den Chefs der OHL, dass das deutsche Heer am Ende und der Krieg nicht mehr zu gewinnen sei. Vielmehr stehe die »endgültige Niederlage wohl unvermeidbar bevor«. Weiter sagte Ludendorff, so Generalstabsoffizier Albrecht von Thaer in seinem Tagebuch: »Ich habe aber S.M. gebeten, jetzt auch diejenigen Kreise an die Regierung zu bringen, denen wir es in der Hauptsache zu danken haben, dass wir so weit gekommen sind. Wir werden also diese Herren jetzt in die Ministerien einziehen sehen. Die sollen nun den Frieden schließen, der jetzt geschlossen werden muss. Sie sollen die Suppe jetzt essen, die sie uns eingebrockt haben!« Unter Verdrehung der historischen Tatsachen strickte Ludendorff an der Legende, wonach es nicht die Schuld der OHL war, dass der Krieg verloren ging, sondern der Sozialdemokraten und anderer. Albrecht von Thaers Tagebucheintrag über Ludendorffs Auftritt weist bildlich auf die in der Folge konstruierte Dolchstoß-Legende hin: »Als wir versammelt waren, trat Ludendorff in unsere Mitte, sein Gesicht von tiefstem Kummer erfüllt, bleich, aber mit hoch erhobenem Haupt. Eine wahrhaft schöne germanische Heldengestalt! Ich musste an Siegfried denken mit der tödlichen Wunde im Rücken von Hagens Speer.«

Die von der Führungsspitze des Kaiserreichs vorgenommene »Revolution von oben« erfolgte Anfang Oktober 1918 mit der Ernennung Max von Badens zum Reichskanzler. Zur Parlamentarisierung der konstitutionellen Monarchie traten die katholische Zentrumspartei, die Fortschrittliche Volkspartei und die SPD in die Regierung ein, wobei das Zentrum drei Staatssekretäre stellte, die Volkspartei und die SPD jeweils zwei. Philipp Scheidemann, der mit Gustav Bauer die SPD in der neuen Regierung vertrat, hatte noch am Vortag bei der SPD-Vorstandssitzung große Bedenken geäußert und dargelegt, »dass man uns unmöglich zumuten könne, in dem Augenblick des absolut sicheren Zusammenbruchs in ein total bankrottes Unternehmen einzutreten«. Friedrich Ebert und mit ihm die Mehrheit des SPD-Vorstandes beschlossen hingegen die Regierungsbeteiligung. Das Vorhaben der politischen und militärischen Elite des Kaiserreiches zur Abwälzung der Verantwortung für die Folgen des Krieges war geglückt.

Nach den revolutionären Ereignissen in den Küstenstädten Anfang November 1918 war ein Übergreifen der revolutionären Bewegung auf die Hauptstadt absehbar. Friedrich Ebert drängte deshalb auf die sofortige Abdankung des Kaisers. Nur so könne der »Übergang der Massen in das Lager der Revolutionäre und damit die Revolution« abgewandt werden. Seine Haltung gegenüber einem revolutionären Umbruch in Deutschland machte der SPD-Vorsitzende gegenüber Max von Baden deutlich:»Wenn der Kaiser nicht abdankt, ist die soziale Revolution unvermeidlich. Ich aber will sie nicht, ja, ich hasse sie wie die Sünde.« Doch die von dem badischen Prinzen selbst formulierte Abdankung von Kaiser Wilhelm II. am 9. November erfolgte zu spät, um die Revolution in Berlin noch zu verhindern: Inzwischen hatten sich die in der Alexanderkaserne untergebrachten Naumburger Jäger auf die Seite der Sozialdemokraten geschlagen, die Berliner Großbetriebe waren in den Generalstreik getreten und Massen von Arbeitern bewegten sich in großen Kolonnen in Richtung Innenstadt. Traditionell waren die Arbeiter der Berliner Großbetriebe gut organisiert und hatten schon zu Zeiten des Burgfriedens unter Leitung der revolutionären Obleute Protestveranstaltungen gegen den Krieg durchgeführt. Paul Walter von der Berliner Maschinenbau AG beschreibt die Aktivitäten der Arbeiter am 9. November beispielhaft:»Es bildete sich ein Demonstrationszug, der etwa 4.000 Menschen umfasste und dem sich später noch die Arbeiter der AEG Brunnenstraße und der AEG Ackerstraße anschlossen. In langen Kolonnen zogen wir über die Invalidenstraße zur Chausseestraße bis zur Maikäferkaserne.« Dort kam es zu Auseinandersetzungen zwischen Militär und Arbeitern, bei denen der 24-jährige Werkzeugmacher Erich Habersaath zum ersten Todesopfer der Revolution wurde. Am frühen Nachmittag rief Philipp Scheidemann − sehr zum Missfallen von Friedrich Ebert − vom Reichstagsgebäude die »deutsche Republik« aus, während Karl Liebknecht für die Spartakusgruppe die »freie, sozialistische Republik« proklamierte. Die Revolution dürfe allerdings nicht stehenbleiben. Vielmehr müsse nun, so Liebknecht, eine »neue staatliche Ordnung des Proletariats« geschaffen werden, »eine Ordnung des Friedens, des Glücks und der Freiheit unserer deutschen Brüder und unserer Brüder in der ganzen Welt. Wir reichen ihnen die Hände und rufen sie zur Vollendung der Weltrevolution auf.«

Damit waren die Konfliktlinien für den weiteren Verlauf der Novemberrevolution vorgegeben: Während sich die Sozialdemokraten für den Aufbau einer Republik mit demokratischem Regierungssystem einsetzten, wollten radikalere revolutionäre Kräfte wie insbesondere die Spartakusgruppe die Weiterführung der Revolution. Am 10. November veröffentlichte sie einen Aufruf mit einem Kampfprogramm, das sich an die Arbeiter und Soldaten in Berlin richtete:»Die rote Fahne weht über Berlin! Mit der Abdankung von ein paar Hohenzollern ist es nicht getan. Noch viel weniger ist es getan damit, dass ein paar Regierungssozialisten mehr an die Spitze treten. Sorget, dass die Macht, die ihr jetzt errungen habt, nicht euren Händen entgleite und dass ihr sie gebraucht für euer Ziel. Denn euer Ziel ist die sofortige Herbeiführung eines proletarisch-sozialistischen Friedens, der sich gegen den Imperialismus aller Länder wendet, und die Umwandlung der Gesellschaft in eine sozialistische.« Zur Erreichung dieses Ziels wurde verlangt:»Entwaffnung der gesamten Polizei, sämtlicher Offiziere sowie der Soldaten, die nicht auf dem Boden der neuen Ordnung stehen; Bewaffnung des Volkes; alle Soldaten und Proletarier, die bewaffnet sind, behalten ihre Waffen. Beseitigung des Reichstags und aller Parlamente sowie der bestehenden Reichsregierung.«

Diese offene Kampfansage musste Friedrich Ebert, der tags zuvor von Max von Baden das Amt des Reichskanzlers übertragen bekommen hatte und nun mit der USPD über eine gemeinsame Regierungsbildung verhandelte, stark beunruhigen. Wollte er seine Regierung schützen und die Aufrechterhaltung der öffentlichen Ordnung gewährleisten, kam er nicht umhin, sich militärischen Beistand zu verschaffen. Die ersten Soldaten, die zur Sicherung der Reichskanzlei und anderer Regierungsgebäude eingesetzt werden konnten, waren etwa 300 re-

Arbeiter- und Soldatenräte geben in Berlin am Nachmittag des 9. November 1918 auf einem mit roten Fahnen bedeckten Kraftwagen die Abdankung des Kaisers bekannt.

gierungstreue Matrosen und Maate. Diese waren von Graf Hermann Wolff-Metternich im Auftrag des neuen Leiters der Reichskanzlei, Kurt Baake, rekrutiert worden. Baake hatte Metternich am 10. November in der Reichskanzlei mitgeteilt: »Man sitzt hier auf einem Pulverfass, da jeden Augenblick irgendwelche Trupps anmarschieren können, um die Regierung auszuheben.« Zum Aufbau einer Sicherheitswehr suchte Metternich zunächst bei den Ersatztruppen der Garderegimenter um Unterstützung an – ohne Erfolg. In der Reichskanzlei traf Metternich auf den Obermaat Paul Wieczorek, der bereits die in Berlin versprengten Marineangehörigen um sich sammelte. Metternich und Wieczorek verfassten einen Aufruf, woraufhin sich am nächsten Tag etwa 300 Matrosen im Marstall einfanden und den Grundstock für eine Truppe zur Sicherung von Regierungsgebäuden bildeten. Unterstellt war die so entstandene Volksmarinedivision dem neuen Berliner Stadtkommandanten Otto Wels (SPD), der weitere Matrosen aus den norddeutschen Küstenstädten anforderte, sodass schließlich circa 3.200 Mann die Sicherung von Regierungsgebäuden und die Bewachung des Stadtschlosses übernehmen konnten. Der Stadtkommandant schuf noch eine weitere Truppe zur Bewahrung der städtischen Ordnung: Am 17. November ließ Otto Wels einen Aufruf erlassen, in dem Soldaten aufgefordert wurden, einer Republikanischen Soldatenwehr (RSW) beizutreten. Damit sollte eine militärische Formation entstehen, die sich explizit gegenüber der neuen republikanischen Staatsform verpflichtet sah.

Friedrich Ebert seinerseits versicherte sich noch eines weiteren militärischen Beistandes: Als ihn Wilhelm Groener, nach Erich Ludendorffs Entlassung der Erste Generalquartiermeister der OHL, am Abend des 10. November in der Reichskanzlei anrief, um ihm mitzuteilen, dass sich das Heer der neuen Regierung zur Verfügung stelle, nahm Ebert diese Unterstützung an. Fortan bestand eine geheime Telefonverbindung zwischen der Reichskanzlei und der Heeresleitung, über die sich Ebert und Groener besprachen. Über das Motiv der OHL, sich der neuen republikanischen Regierung anzudienen, führte Groener aus:»Ebert hielt sich nur mühsam am Steuer und war nahe daran, von den Unabhängigen und der Liebknechtgruppe über den Haufen gerannt zu werden. Was war demnach näherliegend, als Ebert die Unterstützung des Heeres und des Offizierkorps anzubieten?«

Eine Versammlung der Berliner Arbeiter- und Soldatenräte wählte am 10. November im Zirkus Busch eine provisorische Revolutionsregierung – den Rat der Volksbeauftragten. Dieser setzte sich paritätisch aus den SPD-Vertretern Friedrich Ebert, Philipp Scheidemann und Otto Landsberg sowie den USPD-Mitgliedern Hugo Haase, Wilhelm Dittmann und Emil Barth zusammen. Der erste Beschluss der neuen Regierung galt einem Erbe, das Wilhelm II. und die OHL der jungen Republik aufgebürdet hatten und das den Bestand der ersten Demokratie in Deutschland von Anbeginn gefährdete: Die Übernahme der Verantwortung für den verlorenen Krieg und die daraus folgenden extremen Belastungen des Versailler Vertrages. Dem Zentrumspolitiker Matthias Erzberger, der noch als Staatssekretär in der Regierung Max von Badens zum Leiter der Waffenstillstandskommission berufen worden war, kam am 11. November 1918 die Aufgabe zu, die harten Vereinbarungen des Waffenstillstandsabkommens in einem Salonwagen der Eisenbahn bei Compiègne zu unterzeichnen. Erzberger hatte als Mitglied des Interfraktionellen Ausschusses – einem Gremium zur politischen Abstimmung der Mehrheitsfraktionen im Reichstag von SPD, Zentrum und Liberalen – bereits am 19. Juli 1917 eine Friedensresolution erarbeitet, die damals auf harsche Kritik von Erich Ludendorff gestoßen war. Im Rückblick erkannte Erzberger im Hinblick auf den Abschluss des Waffenstillstandsabkommens, dass die Regierung des Prinzen Max von Baden vielleicht einen einzigen Fehler gemacht habe: »Sie hätte den General Ludendorff hinschicken und ihm sagen sollen: ›Schließe du den Waffenstillstand ab!‹« Erzberger wurde am 26. August 1921 von zwei Angehörigen der nationalistisch-terroristischen Organisation Consul wegen seines Engagements für die junge Republik ermordet.

Die neue Regierung des Rates der Volksbeauftragten initiierte zunächst Maßnahmen, die dem politischen Erbe des Krieges galten und den Weg zu einem freiheitlichen demokratischen Verfassungsstaat ebnen sollten. In ihrem Aufruf an das deutsche Volk vom 12. November wurde mit Gesetzeskraft unter anderem verkündet: »Der Belagerungszustand ist aufgehoben. Das Vereins- und Versammlungsrecht unterliegt keiner Beschränkung, auch nicht für Beamte und Staatsarbeiter. Eine Zensur findet nicht statt. Die Theaterzensur wird aufgehoben. Meinungsäußerung in Wort und Schrift ist frei. Die Freiheit der Religionsausübung wird gewährleistet. Für alle politischen Straftaten wird Amnestie gewährt.« Als wirtschafts- und sozialpolitische Maßnahme wurde der »achtstündige Maximalarbeitstag« spätestens zum 1. Januar 1919 angekündigt. Das zeitgleich zwischen den Spitzen der Unternehmensverbände und der Gewerkschaften verhandelte Stinnes-Legien-Abkommen, das gleichfalls die von der Arbeiterbewegung seit Jahrzehnten geforderte Einführung des Achtstundentages in Deutschland vorsah und am 15. November unterzeichnet wurde, sorgte dafür, dass die Forderung der Revolutionsregierung auch verwirklicht werden konnte.

Parallel zu den allerorten gebildeten Arbeiter- und Soldatenräten vereinigten sich verschiedene Gruppen von Künstlern, wobei die Namensgebung der Vereinigungen die Ereignisse der Novemberrevolution reflektierte: Am 10. November gründete sich auf Initiative des pazifistischen Schriftstellers Kurt Hiller der Politische Rat geistiger Arbeiter, beim Arbeitsrat für Kunst (AfK) war der Architekt Bruno Taut Wortführer und für die Bildung der Novembergruppe gab der Maler Max Pechstein den Anstoß. Auch wenn der Politische Rat geistiger Arbeiter, der auch in anderen deutschen Städten gebildet wurde, und der AfK nur eine relativ kurze Zeit bestanden, gingen von diesen Vereinigungen doch wesentliche Impulse für künstlerische Neuerungen aus.

Zu ersten gravierenden Spannungen zwischen Regierung und radikaler Linken kam es nach dem Blutbad bei der Maikäferkaserne am 6. Dezember. Aus bisher ungeklärten Gründen schoss eine vom Stadtkommandanten beorderte Einheit des Garde-Füsilier-Regiments der Maikäferkaserne an der Kreuzung Chaussee- und Invalidenstraße auf Anhänger des Spartakusbundes, wobei 16 Menschen starben. Als der Trauerzug der Opfer von der Chausseestraße am 8. Dezember auf seinem Weg zum Friedhof der Märzgefallenen vor der Stadtkommandantur vorbeizog, forderte Karl Liebknecht die Teilnehmer dazu auf, den »Bluthund Wels« herauszuholen. Doch waren die politischen Standpunkte der radikalen Linken allgemein nicht mehrheitsfähig. So lehnten etwa die Delegierten des ersten Reichsrätekongresses der Arbeiter- und Soldatenräte in der zweiten Dezemberhälfte mit überwältigender Mehrheit die Einrichtung eines Rätesystems in Deutschland auf Dauer ab. Stattdessen beschlossen die Arbeiter- und Soldatenräte die Durchführung von Wahlen zur Nationalversammlung am 19. Januar 1919, durch die der Weg zu einer Verfassung und zur parlamentarischen Demokratie bereitet werden sollte.

Am Vortag zu Heiligabend 1918 führte ein Konflikt zwischen dem Stadtkommandanten und der Volksmarinedivision um die Räumung des Stadtschlosses und die Löhnung der Truppe zur Verschleppung von Otto Wels in den Marstall. Daraufhin forderte Friedrich Ebert über seine geheime Leitung die OHL zur Unterstützung der Regierung an. Die OHL befahl dem Generalkommando Lequis die Entwaffnung der Volksmarinedivision. Doch trotz des Einsatzes von etwa 1.200 Infanteristen mit Feldbatterien gelang es Arnold Lequis an Weihnachten

Karl Liebknecht an der Spitze eines Demonstrationszuges revolutionärer Arbeiter und Soldaten Unter den Linden im Dezember 1918.

nicht, die in Schloss und Marstall verschanzten Matrosen zu besiegen – der Volksmarinedivision waren im Verlauf der militärischen Auseinandersetzungen Einheiten der Sicherheitswehr des Berliner Polizeipräsidenten Emil Eichhorn (USPD), bewaffnete Arbeiter, aber auch Tausende Unbewaffnete, darunter Frauen und Kinder, zu Hilfe gekommen. Als Folge der »Weihnachtskrise« traten die Vertreter der USPD aus dem Rat der Volksbeauftragten aus. Die SPD-Politiker Gustav Noske und Rudolf Wissell wurden ihre Nachfolger. Aufgrund des militärischen Fiaskos des Generalkommandos Lequis entschied Wilhelm Groener in der OHL noch am Abend des 24. Dezember die Demobilisierung der alten Frontverbände des Feldheeres und die Aufstellung von Freiwilligenverbänden, die in kurzer Zeit als Freikorps bezeichnet wurden. Die Regierung unterstützte den Aufbau der Freikorps, sah der Rat der Volksbeauftragten doch darin die Möglichkeit zur Bekämpfung militanter linksradikaler Umsturzversuche.

Diese Befürchtungen wurden genährt durch die Reichskonferenz des Spartakusbundes zum Jahreswechsel 1918/19, bei der sich der Bund mit den Internationalen Kommunisten Deutschlands (IKD) zur Kommunistischen Partei Deutschlands (KPD) vereinte. Bei diesem Gründungsparteitag hatten enthusiastisch-revolutionäre Positionen zur »Erreichung der Weltrevolution« die Oberhand gewonnen. Der Kunstliebhaber und Diplomat Harry Graf Kessler notierte über das Agieren der Führungsfigur der KPD, Karl Liebknecht, in jenen Tagen bei Versammlungen: »Er war wie ein unsichtbarer Priester der Revolution, ein geheimnisvolles, tönendes Symbol, zu dem diese Leute aufblickten. Halb schien das Ganze eine Messe, halb ein riesiges Konventikel. Die Welle des Bolschewismus, die von Osten kommt, hat etwas von der Überflutung durch Mohammed im siebenten Jahrhundert. Fanatismus und Waffen im Dienste einer unklaren neuen Hoffnung, der weithin nur Trümmer alter Weltanschauungen entgegenstehen. Die Fahne des Propheten weht auch vor Lenins Heeren.«

Anfang Januar 1919 kam es zu bewaffneten Auseinandersetzungen der radikalen Linken mit Freikorpstruppen der sozialdemokratischen Regierung, nachdem Polizeipräsident Emil Eichhorn durch den preußischen Innenminister Paul Hirsch am 4. Januar für abgesetzt erklärt worden war. USPD, revolutionäre Obleute und KPD riefen deshalb für den nächsten Tag zu Demonstrationen für Eichhorn auf, zu denen mehr als 100.000 Menschen zusammenkamen. Ein Revolutionsausschuss wurde gebildet, der für die USPD von Georg Ledebour, für die revolutionären Obleute von Paul Scholze und für die KPD von Karl Liebknecht geleitet wurde. Dem Aufruf des Ausschusses zum Generalstreik folgten am nächsten Tag wiederum Massen von Arbeitern, die durch die Berliner Straßen zogen. Doch der Aufstand blieb ohne revolutionäre Führung. Lediglich einige Hundert Bewaffnete besetzten Pressehäuser, das Gebäude des sozialdemokratischen *Vorwärts* sowie Bahnhöfe. In den folgenden Tagen verhärteten sich die Positionen von Regierung und Aufständischen. Am Morgen des 11. Januar beendete schließlich das Regiment Potsdam, ein Freikorps unter Führung von Major Franz von Stephani, nach einem längeren Feuergefecht die Besetzung des *Vorwärts*-Gebäudes. Fünf Parlamentäre und zwei Kuriere der Aufständischen wurden in der nahe gelegenen Garde-Dragoner-Kaserne auf bestialische Weise getötet. Auch die übrigen besetzten Gebäude wurden geräumt. Vier Tage später, am 15. Januar 1919, wurden Rosa Luxemburg und Karl Liebknecht von der Soldateska der Garde-Kavallerie-Schützen-Division (GKSD) brutal ermordet. Bereits Anfang Dezember 1918 hatte die Antibolschewistische Liga auf Plakaten und Flugblättern gegen den Spartakusbund agitiert und gefordert:»Schlagt ihre Führer tot! Tötet Liebknecht! Dann werdet ihr Frieden, Freiheit und Brot haben.« Richard Müller hatte die Mordkampagne in einer gemeinsamen Sitzung des Rates der Volksbeauftragten und des Vollzugsrates des Arbeiter- und Soldatenrates Groß-Berlin am 7. Dezember thematisiert. Doch es war ihm nicht gelungen, das Kabinett zum Einschreiten zu bewegen.

Am 19. Januar 1919 wurden die Wahlen zur Deutschen Nationalversammlung abgehalten, wobei erstmals Frauen das Wahlrecht besaßen. Die konstituierende Sitzung der Nationalversammlung fand am 6. Februar 1919 nicht in der Reichshauptstadt, sondern in Weimar statt. Hintergrund für diese Entscheidung waren die politischen Unruhen in Berlin. Auf einen weiteren gewichtigen Aspekt für die Wahl Weimars als Ort der verfassungsgebenden Versammlung hat Heiko Holste hingewiesen: Weimar in Thüringen liegt zwischen dem damaligen Preußen und Bayern. Friedrich Ebert wollte mit der Wahl des Ortes die Möglichkeit des föderalen Ausgleichs in der neuen Republik herstellen. Dem Berliner Oberbürgermeister Adolf Wermuth erklärte er deshalb:»Entscheidend für den Beschluss der Reichsregierung war im Wesentlichen die Erwägung, dass ein Ort gewählt werden müsse, der allen Teilen des deutschen Volkes das Bewusstsein gibt, dass nicht nach dem Muster des alten Deutschland die Wünsche und Interessen eines Staates überragenden und für die Gesamtheit nicht förderlichen Einfluss ausüben können.« Es müsse mit der »Antipathie gegen Preußen und Berlin, besonders in Süddeutschland gerechnet werden«.

Die Regierung der Weimarer Koalition aus SPD, Zentrum und DDP konnte die materiellen Nöte vieler Berliner Arbeiterfamilien nicht lindern. Darüber hinaus waren die Belegschaften der Großbetriebe über das Ausbleiben der Sozialisierung der Industriebetriebe enttäuscht, sahen die Rätebewegung zurückgedrängt und die Militarisierung des Stadtlebens durch Freikorps auf dem Vormarsch. Vor diesem Hintergrund wurde Anfang März 1919 ein Streik ausgerufen. Unabhängig vom Streik kam es rund um den Alexanderplatz zu Plünderungen und Ausschreitungen. Diese Konflikte führten schließlich zu Zusammenstößen zwischen Freikorpseinheiten, RSW und Volksmarinedivision, die eigentlich alle loyal zur Reichsregierung stehen sollten. Aus den Kämpfen gingen die Freikorpseinheiten siegreich hervor. Die Volksmarinedivision wurde aufgelöst und die RSW stark verringert. Doch damit waren die militärischen Auseinandersetzungen im Osten Berlins nicht beendet. In Friedrichshain wurden von Arbeitern und Matrosen Barrikaden errichtet. Da die Freikorps mit Artillerie dagegen vorgingen, zogen sich die Kämpfenden peu à peu nach Lichtenberg zurück. Am 9. März sorgte ein angebliches Massaker von Aufständischen an Polizisten, das sich später als bewusste Falschmeldung der GKSD herausstellte, für den Schießbefehl des Oberkommandierenden in den Marken:»Jede Person, die mit Waffen in der Hand gegen Regierungstruppen kämpfend angetroffen wird, ist sofort zu erschießen.« Gustav Noskes Schießbefehl war für die Freikorpseinheiten ein Freibrief für rücksichtsloses Vorgehen gegen Aufständische und die Lichtenberger Bevölkerung: Bis zur endgültigen Niederschlagung der Märzkämpfe am 13. März wurden von den Regierungtruppen willkürliche Hinrichtungen und Massaker an Aufständischen vorgenommen, zahlreiche Zivilisten wurden getötet. Insgesamt werden die Opfer der Berliner Märzkämpfe 1919 auf 1.200 beziffert. Dabei wurden aufseiten der Regierungtruppen 75 Soldaten getötet, weitere 35 wurden vermisst. Alle übrigen Opfer waren Aufständische und Zivilisten.

Zu den innenpolitischen Konflikten kamen auf die junge Republik die Herausforderungen zu, die von der Erblast des Krieges rührten: Am 7. Mai 1919 mussten die deutschen Abgesandten in Versailles den Entwurf des Friedensvertrages entgegennehmen. Die Bedingungen des Vertrages schockierten die gesamte deutsche Bevölkerung und das Parteienspektrum von links bis rechts. Aus Protest gegen die Vertragsbedingungen führte die Nationalversammlung am 12. Mai 1919 eine Sondersitzung in der Aula der Berliner Friedrich-Wilhelms-Universität

Freikorpssoldaten mit einem britischen Beutepanzer während der Märzkämpfe 1919 beim Polizeipräsidium am Alexanderplatz.

durch. Doch vergebens – unter dem Druck der Entente-Mächte musste der Friedensvertrag schließlich am 28. Juni 1919 im Spiegelsaal des Versailler Schlosses durch Reichsaußenminister Hermann Müller und Reichsverkehrsminister Johannes Bell unterzeichnet werden. Er bildete eine schwere Hypothek für die junge deutsche Demokratie.

In den folgenden 44 Kapiteln werden chronologisch die zentralen Ereignisse der Revolution von 1918/19 in Berlin an den Orten beschrieben, wo sie stattfanden. Die Leserinnen und Leser können sich so den historischen Geschehnissen und ihren Akteuren nähern und sich die deutsche Revolution an den meist noch vorhandenen Schauplätzen vergegenwärtigen.

SCHAUPLÄTZE DER REVOLUTION

»ICH KENNE KEINE PARTEIEN MEHR, ICH KENNE NUR DEUTSCHE«

BERLINER SCHLOSS

Als Kaiser Wilhelm II. am 4. August 1914 die Abgeordneten des Reichstags in den Weißen Saal des Berliner Schlosses einlud, war mit den Kriegserklärungen an Russland und Frankreich die Entscheidung für den Krieg bereits gefallen. Nun sollten die Abgeordneten den dafür notwendigen Kriegskrediten zustimmen. Da sich der Kaiser aus politischem Dünkel nicht in den Reichstag begeben wollte, waren die meisten sozialdemokratischen Abgeordneten dem Empfang im Schloss ferngeblieben. Neben den Volksvertretern der anderen Fraktionen waren die kaiserliche Familie, viele Offiziere und Spitzenbeamte, das diplomatische Korps sowie Vertreter aus Kultur und Wirtschaft in dem Prunksaal anwesend. Der Kaiser verwies in seiner Thronrede darauf, dass Deutschland angegriffen werde – und erklärte vor seinem illustren Publikum:»Ich kenne keine Parteien mehr, ich kenne nur Deutsche.« Der Ausspruch war bezeichnend für die während des Krieges zunächst von allen Parteien verfolgte Politik des Burgfriedens.

Die anschließende Sitzung des Reichstags zur Bewilligung der Kriegskredite wurde zu einer dunklen Stunde für die Sozialdemokratie und leitete die spätere Spaltung der Partei ein. Am Vortag war es zu heftigen Auseinandersetzungen zwischen den Befürwortern und den wenigen Gegnern der Gesetze der Kriegswirtschaft innerhalb der SPD-Fraktion gekommen. Doch am 4. August stimmten auch die schärfsten Kritiker wie Hugo Haase, Karl Liebknecht und Georg Ledebour aus Fraktionsdisziplin den Kriegskrediten zu. Besonders bitter muss dies für den Partei- und Fraktionsvorsitzenden Hugo Haase gewesen sein. Er war noch am 29. Juli zusammen mit Karl Kautsky zu einer Versammlung des Internationalen Sozialistischen Büros nach Brüssel gereist.

Menschenmenge vor dem Berliner Schloss während der Tage der Mobilmachung Ende Juli/Anfang August 1914.

Im Maison du Peuple einigten sich die europäischen Delegierten darauf, dass die Proletarier aller Länder ihre Demonstrationen gegen den Krieg verstärken sollten. Nun, am 4. August 1914, musste Haase angesichts des Fraktionszwangs vor dem Reichstag für die SPD erklären: »Wir lassen in der Stunde der Gefahr das Vaterland nicht im Stich.« Wenig später sagte Haase im Café Josty am Potsdamer Platz, wo sich Eduard David, Hermann Müller, Philipp Scheidemann und andere SPD-Befürworter der Kriegskredite regelmäßig trafen: »Wir sind eingeseift worden. Die Bewilligung der Kredite war ein Fehler. Die deutsche Regierung ist die Hauptschuldige am Krieg.«

Berliner Schloss, Schlossplatz 1, 10178 Berlin

»DAS GEBOT DER STUNDE«

WOHNUNG VON HUGO HAASE

Zehn Monate nach Kriegsbeginn äußerten führende Sozialdemokraten erstmals öffentlichkeitswirksam Kritik an der Kriegspolitik der Regierung und kündigten damit den Burgfrieden auf: Am 19. Juni 1915 veröffentlichte die *Leipziger Volkszeitung* den Aufruf »Das Gebot der Stunde«. Darin wurde der gegenwärtige Krieg als »Eroberungskrieg« verurteilt. In weiten Kreisen der deutschen Bevölkerung wie auch in anderen kriegführenden Ländern gebe es einen immer stärker werdenden Wunsch nach Frieden: »Während die Herrschenden davon zurückschrecken, diesem Friedensbedürfnis zu entsprechen, blicken Tausende und Abertausende auf die Sozialdemokratie, die man als die Partei des Friedens zu betrachten gewohnt war, und erwarten von ihr das erlösende Wort und das ihm entsprechende Verhalten.« Der Protestruf fand unter der Arbeiterschaft regen Widerhall, entsprach er doch einer weitverbreiteten Sehnsucht nach Beendigung des Krieges.

Unterzeichnet war das Manifest von Eduard Bernstein, Hugo Haase und Karl Kautsky. Haase war gemeinsam mit Friedrich Ebert Vorsitzender der SPD sowie mit Philipp Scheidemann SPD-Fraktionsvorsitzender im Reichstag. Die Veröffentlichung von »Das Gebot der Stunde« im Sommer 1915 war ein sichtbares Zeichen, dass Teile der SPD die Politik des Burgfriedens aufkündeten – und damit das Ende der Einheit der Sozialdemokratie einläuteten. Zehn Monate später, am 24. März 1916, prophezeite Haase anlässlich einer Debatte um den Notetat im Reichstag: »Am Ende des fürchterlichen Ringens wird es weder Sieger noch Besiegte geben, in Wahrheit wohl nur Besiegte, aus Millionen Wunden blutende Völker. Wir Sozialisten, die wir den Krieg verabscheuen und mit aller Kraft zu verhindern uns bemüht haben, widersetzen uns

*Der Reichstagsabgeordnete
Hugo Haase, ca. 1918.*

selbstverständlich seiner Verlängerung.« Zusammen mit 17 SPD-Abge-
ordneten stimmte Haase gegen den Notetat, 20 Abgeordnete enthiel-
ten sich, indem sie den Saal verließen. Nachdem Haase auf Drängen
von Ebert zusammen mit 17 weiteren Abgeordneten aus der Fraktion
ausgeschlossen worden war, gründete er mit Gleichgesinnten die SAG.
Daraus ging zu Ostern 1917 eine eigenständige Partei hervor, die USPD.
Im Oktober 1919 wurde unweit des Reichstags ein Attentat auf Hugo
Haase verübt, an dessen Folgen er verstarb. An seinem langjährigen
Berliner Wohnort in der damaligen Kaiser-Wilhelm-Straße 3 befindet
sich eine Gedenkplatte für ihn.

Kaiser-Wilhelm-Straße 3 / Karl-Liebknecht-Straße 4,
Marx-Engels-Forum, 10178 Berlin

»KRIEG DEM KRIEGE«

RECHTSANWALTSBÜRO VON KARL LIEBKNECHT

Im Rechtsanwaltsbüro von Karl Liebknecht fand knapp zwei Jahre nach Beginn des Krieges eine Versammlung statt, die äußerst bedeutsam für die Entwicklung der deutschen Sozialdemokratie und für den Verlauf der späteren Novemberrevolution 1918 werden sollte: Am 1. Januar 1916 trafen sich in der Chausseestraße SPD-Mitglieder aus dem gesamten Reich, die entschiedene Gegner der Politik des Burgfriedens waren – unter anderen Karl Liebknecht, Hugo Eberlein, Franz Mehring, Ernst Meyer, Karl Minster, Fritz Rück, Johann Knief, Rudolf Lindau, Otto Rühle, die Geschwister Bertha und August Thalheimer sowie Heinrich Brandler. Bereits am 4. August 1914, als die sozialdemokratische Reichstagsfraktion im Sinne des Burgfriedens einstimmig für die Kriegskredite gestimmt hatte, waren in Rosa Luxemburgs Wohnung in Südende Sozialdemokraten zusammengekommen, die sich gegen diese Politik stellten.

Im April 1915 erschien die von Rosa Luxemburg und Franz Mehring herausgegebene Zeitschrift *Die Internationale*, in der eine entschiedene Position gegen den Krieg und für den Wiederaufbau der Sozialistischen Internationale vertreten wurde. Entsprechend nannten sich die Linken um Luxemburg fortan Gruppe Internationale.

Auch bei der Reichskonferenz in Liebknechts Anwaltsbüro stand die internationalistische Perspektive im Mittelpunkt der Diskussionen. Rosa Luxemburg hatte im Gefängnis »Leitsätze« formuliert, die von der Tagung gebilligt wurden und in denen sie die Politik der SPD scharf verurteilte: »Das sozialistische Endziel wird von dem internationalen Proletariat nur verwirklicht, indem es gegen den Imperialismus auf der ganzen Linie Front macht und die Losung ›Krieg dem Kriege‹

Im Innenhof der Chausseestraße 121 befindet sich in Erinnerung an die Gründung der Spartakusgruppe ein Denkmal, das über eine Klingel bei der Hofeinfahrt zu erreichen ist.

unter Aufbietung der vollen Kraft und des äußersten Opfermutes zur Richtschnur seiner praktischen Politik erhebt.«

Doch trotz aller Kritik an der Politik der SPD kam es für die Gruppe Internationale nicht infrage, eine eigene Partei zu gründen. Dies hatten die beiden Aktivisten der Bremer und der Hamburger Linksradikalen, Johann Knief und Rudolf Lindau, gefordert. Fortan veröffentlichte die Gruppe Internationale politische Briefe, mit denen die Antikriegspolitik vorangetrieben werden sollte. Da diese Briefe nicht legal erscheinen konnten, wurden sie mit Spartacus unterzeichnet. Die Gruppe Internationale hieß deshalb bald Spartakusgruppe. Die meisten Teilnehmer an der Reichskonferenz im Büro Karl Liebknechts im Sommer 1916 sollten zweieinhalb Jahre später am Gründungsparteitag der KPD teilnehmen.

Wohnhaus, Chausseestraße 121, 10115 Berlin

»NIEDER MIT DEM KRIEG! NIEDER MIT DER REGIERUNG!«

POTSDAMER PLATZ

Für den Maifeiertag 1916 rief die Spartakusgruppe zu einer Protestaktion gegen den Krieg auf. In einem von Karl Liebknecht verfassten illegalen Flugblatt heißt es dazu:»Arbeiter, Parteigenossen! Der 1. Mai kommt als Mahner, er pocht an eure Herzen. Der Verrat am Sozialismus, an der internationalen Solidarität der Arbeiter hat die Völker ins Verderben des Weltkriegs gestürzt. Nur die Rückkehr zum Evangelium des völkerbefreienden Sozialismus, zur proletarischen Internationale kann die Völker, die Kultur, die Arbeitersache aus dem Abgrund retten.«

Zu der Protestaktion am Potsdamer Platz erschienen nach dem Polizeibericht mehrere Hundert, nach Angaben Liebknechts wenigstens 10.000 Menschen. Als die Polizei die verbotene Versammlung auflösen wollte, rief Liebknecht»Nieder mit dem Krieg! Nieder mit der Regierung!« – und wurde verhaftet.

Karl Liebknecht, Sohn von Wilhelm Liebknecht, einem der Gründerväter der SPD, hatte sich bereits 1907 in seiner Schrift *Militarismus und Antimilitarismus* aus pazifistischen Motiven kritisch gegenüber dem preußischen Militär geäußert und war dafür in einem Hochverratsprozess zu eineinhalb Jahren Festungshaft verurteilt worden. Am 2. Dezember 1914 verweigerte er als einziger Abgeordneter die erneute Zustimmung. Damit brach Liebknecht nicht nur mit seiner eigenen Fraktion, die sein Abstimmungsverhalten als »unvereinbar mit den Interessen der deutschen Sozialdemokratie« verurteilte. Auch die Reichsregierung reagierte und ließ den widerspenstigen Abgeordneten am 7. Februar 1915 einziehen – Liebknecht musste an der Ostfront als Armierungssoldat dienen.

Denkmalsockel aus dem Jahr 1951 auf dem Potsdamer Platz, wo Karl Liebknecht am 1. Mai 1916 gegen den Krieg und die Regierung demonstrierte.

Die Protestaktion gegen den Krieg auf dem Potsdamer Platz zum Maifeiertag 1916 rief unterschiedliche Reaktionen hervor. Der SPD-Vorsitzende Friedrich Ebert bezeichnete Karl Liebknecht als »Spaltungspolitiker«. Der Historiker Volker Ullrich kommt zu dem Schluss: »Durch sein konsequentes Eintreten gegen den Krieg war er zum bestgehassten Politiker der herrschenden Kreise im wilhelminischen Deutschland geworden – und zum ›populärsten Mann in den Schützengräben‹, wie Karl Kautsky, der SPD-Cheftheoretiker, im August 1916 schrieb.« Liebknecht wurde in einem Hochverratsprozess zu zweieinhalb Jahren Zuchthaus verurteilt. An der Stelle, wo er seine Aktion am Potsdamer Platz durchführte, steht der Grundstein eines nie fertiggestellten Denkmals für ihn.

Potsdamer Platz 10, 10117 Berlin

37

»DIE DREHER STREIKEN FÜR LIEBKNECHT!«

AEG-TURBINENFABRIK

Der Prozess gegen Karl Liebknecht wegen seines Auftritts gegen den Krieg auf dem Potsdamer Platz führte zum ersten politischen Massenstreik: In Berlin organisierten Obleute in den Rüstungsbetrieben Arbeitsniederlegungen aus Solidarität zu Liebknecht – und damit gegen die Kriegspolitik der Reichsregierung. Richard Müller, ein maßgeblicher Initiator der Antikriegsaktionen und Dreher in der AEG-Turbinenfabrik in Moabit, hielt dazu fest: »Am 28. Juni morgens 9 Uhr erhielt die gewaltige Tag und Nacht arbeitende Kriegsmaschine einen Stoß. In den Abteilungen der Dreher wurden plötzlich die Maschinen angehalten. Wie ein Lauffeuer flog es durch alle Abteilungen: ›Die Dreher streiken für Liebknecht!‹«

In der Folge kam es in den Großbetrieben von AEG, Ludwig Loewe, Daimler, Argus, Wrede Panzer, Schwartzkopff, Borsig und anderen zu Streiks. Die Arbeiter formierten sich zu Demonstrationszügen, die in die Lehrter Straße zogen, wo im Kommandanturgericht der Prozess gegen Liebknecht begann. An der Arbeitsniederlegung am 28. Juni 1916 beteiligten sich etwa 55.000 Arbeiter der Berliner Rüstungsindustrie und am nächsten Tag in Betrieben, die zu spät über den geplanten Streik am Vortrag informiert worden waren, nochmals etwa 10.000. Auch in Braunschweig kam es zu Streiks von einigen Tausend Arbeitern, in Bremen und Stuttgart gab es Demonstrationen. Diese Aktionen in Solidarität mit dem bekannten Antimilitaristen und Kriegsgegner Liebknecht ließen zum ersten Mal eine verbreitete Antikriegsstimmung unter der Arbeiterschaft deutlich werden. Gewerkschaftsführungen und SPD, die noch immer die Politik des Burgfriedens mittrugen, konnten diese Aktionen nicht gutheißen. Deshalb waren die

Die vom Architekten Peter Behrens entworfene Turbinenhalle der AEG in Moabit, wo der revolutionäre Obmann Richard Müller tätig war.

Solidaritätsstreiks von Richard Müller und anderen Obleuten in den Rüstungsbetrieben geheim geplant und organisiert worden.

Die Militärbehörden wiederum reagierten mit Repressionsmaßnahmen auf die Aktionen: Viele der an den Streiks und Demonstrationen beteiligten Arbeiter wurden zur Strafe einberufen. Politiker wie Rosa Luxemburg und Franz Mehring, die sich der Politik des Burgfriedens widersetzten, wurden in militärische Sicherheitshaft genommen. Nach Einschätzung der Berliner Politischen Polizei zeigten diese Maßnahmen die erhoffte Wirkung: Die Angst vor Inhaftierung und Einberufung zum Militärdienst gebe den »radikalen Hetzern keine rechte Gefolgschaft«. Der Antikriegsprotest war vorerst unterdrückt.

AEG-Turbinenfabrik, Huttenstraße 12–19, 10553 Berlin

»UNMITTELBARE HERBEIFÜHRUNG DES KOMMUNISMUS«

LOKAL IM WEDDING

Im Sommer 1917 unternahmen Linksradikale den Versuch, eine eigenständige Partei jenseits von SPD und USPD in Berlin zu gründen. Vordenker dieser Initiative war der Vertreter der Bremer Linksradikalen Johann Knief. Diese Gruppierung hatte sich aus der Bremer SPD-Ortsgruppe entwickelt und seit Beginn des Ersten Weltkriegs scharfe Kritik an der Politik des Burgfriedens geübt. Knief vertrat die Auffassung, dass die SPD aufgrund ihrer Zustimmung zu den Kriegskrediten nicht länger die Arbeiterbewegung führen dürfe. Auch die »sozialpazifistische« Opposition der zu Ostern 1917 gegründeten USPD wurde von den Linksradikalen abgelehnt. Stattdessen sollte eine Partei gegründet werden, die sich klar zum proletarischen Internationalismus bekennt. So fanden sich am 26. August 1917 linksradikale Delegierte aus ganz Deutschland im Lokal von Paul Tietze in der Barfusstraße 9 im Wedding ein. Doch die geplante Gründung der Internationalen Sozialistischen Partei Deutschlands (ISPD) kam vorerst nicht zustande: Die Polizei sprengte den Gründungsakt.

Damit kam der Versuch der radikalen Linken zur Schaffung einer selbstständigen Partei jedoch nicht zum Erliegen: Im November 1918 bildeten sich in Dresden, Bremen, Berlin und anderen Orten linksradikale Gruppen, die sich als Internationale Kommunisten Deutschlands (IKD) bezeichneten. Johann Knief erklärte zu den politischen Auffassungen der Linksradikalen: »Im Zeitalter des Imperialismus müssen wir uns Internationalisten, im Zeitalter des Privateigentums Kommunisten nennen. Wir Internationalen Kommunisten wissen, dass die bürgerliche Gesellschaft nur mit ›ungesetzlichen‹ Mitteln, nur mit Gewalt gestürzt werden kann. Wir bekennen uns offen zu den Kon-

Im Lokal von Paul Tietze wollten Linksradikale im Sommer 1917 eine internationalistisch ausgerichtete Partei gründen.

sequenzen dieser Erkenntnisse.« Vom 15. bis 17. Dezember 1918 führte die IKD in Berlin eine Reichskonferenz durch, bei der man sich auf das Ziel der »unmittelbaren Herbeiführung des Kommunismus« verständigte. Eine kurzzeitige Diktatur des Proletariats über die Bourgeoisie, gestützt auf kommunistische Garden, sollte den Weg zu diesem Endziel bereiten. Die IKD bestand allerdings nicht lange: Am Abend vor der zweiten Reichskonferenz der Partei am 24. Dezember traf Johann Knief mit Karl Radek zusammen. Der Emissär Lenins konnte den Bremer Linksradikalen davon überzeugen, dass sich die IKD mit dem Spartakusbund zusammenschließen sollte. Dieser Zusammenschluss erfolgte schließlich bei der Reichskonferenz des Spartakusbundes mit Gründung der KPD zum Jahreswechsel 1918/19.

Wohnhaus, Barfusstraße 9, 13349 Berlin

»LIEBER FÜR DIE IDEALE ERSCHOSSEN WERDEN, ALS FÜR DIE SOGENANNTE EHRE FALLEN«

REICHSMARINEAMT

Der »Steckrübenwinter« 1916/17 offenbarte die katastrophale Versorgungslage im Reich. Davon waren auch die Matrosen der deutschen Hochseeflotte betroffen. Doch während die Mannschaften zusehends abmagerten und deshalb die Wiegekontrollen eingestellt werden mussten, waren die Offiziere mit Lebensmitteln wie zu Friedenszeiten versorgt. Diese eklatante Ungleichbehandlung sowie zunehmende Schikanen durch Offiziere führten zur wachsenden Unzufriedenheit bei den Matrosen. Einige von ihnen – darunter Max Reichpietsch aus Neukölln und Albin Köbis aus Pankow – begannen im Frühjahr 1917 damit, sich gegen die unwürdige Behandlung aufzulehnen. Die Matrosen nahmen Kontakt zur USPD auf, die mit ihrem Eintreten für einen raschen Friedensschluss ohne Annexionen den Auffassungen vieler Matrosen entsprach. Max Reichpietsch kam deshalb während seines Heimaturlaubs im Juni 1917 in Berlin mit den USPD-Abgeordneten Wilhelm Dittmann, Hugo Haase und Ewald Vogtherr sowie der Parteisekretärin Luise Zietz zusammen. Er wünschte sich von der USPD Informationsmaterial zur politischen Bildung der Matrosen, was die Partei ihm in Form legaler, das heißt von der Zensur genehmigter Broschüren zur Verfügung stellte.

In der Folge gründete Reichpietsch mit Gleichgesinnten einen Soldatenbund, der im Juli 1917 gegen die Missstände an Bord vorging. Bei Zusammenkünften der Mannschaften verschiedener Schiffe wurde die Parole laut: »Lieber für die Ideale erschossen werden, als für die sogenannte Ehre fallen.« Am 2. August 1917 nahmen Hunderte von Matrosen in Wilhelmshaven einen Ausmarsch vor, führten im nahe gelegenen Rüstersiel eine Versammlung durch und kehrten zu ihren

Das ehemalige Reichsmarineamt beim Landwehrkanal am Tirpitzufer, heute Reichpietschufer, in Tiergarten.

Schiffen zurück. Die kriegsgerichtlichen Folgen waren verheerend: Hans Beckers, Albin Köbis, Max Reichpietsch, Willi Sachse und Willi Weber wurden wegen »vollendeter kriegsverräterischer Aufstandserregung« zum Tode verurteilt. Zwar hatte der Leiter der Justizabteilung im Reichsmarineamt, Paul Felisch, in einem Gutachten festgestellt, dass kein vollendeter Aufstand vorgelegen habe. Gleichwohl wurden Köbis und Reichpietsch am 25. August 1917 auf dem Militärgelände in Köln-Wahn exekutiert. Die Urteile gegen Beckers, Sachse und Weber wurden aufgrund ihrer Jugend durch den Chef der Hochseeflotte, Admiral Reinhard Scheer, in langjährige Zuchthausstrafen umgewandelt. Das ehemalige Reichsmarineamt liegt heute am Reichpietschufer, nach Albin Köbis wurde eine davon abgehende Straße benannt.

Reichsmarineamt / Bundesministerium der Verteidigung,
Reichpietschufer 72–76, 10785 Berlin

»SCHLEUNIGE HERBEIFÜHRUNG DES FRIEDENS OHNE ANNEXION«

GEWERKSCHAFTSHAUS

Ende Januar 1918 fand der größte politische Massenstreik während des Weltkriegs in Berlin statt. Organisiert wurde er von den Obleuten in den Munitions- und Rüstungsbetrieben, vor allem von Richard Müller und Paul Blumenthal. Sie wandten sich an den USPD-Reichstagsabgeordneten Georg Ledebour und an Leo Jogiches von der Spartakusgruppe, um sie für einen gemeinsamen Streikaufruf zu bewegen. So kam es, dass am 28. Januar in der gesamten Berliner Rüstungsindustrie die Räder stillstanden und etwa 400.000 Menschen auf den Straßen ein Ende des Krieges sowie demokratische Reformen forderten. Von den streikenden Betrieben wurden Delegierte ins Gewerkschaftshaus entsandt, deren Versammlung sich auf Vorschlag von Ledebour als Arbeiterrat Groß-Berlin bezeichnete. Die Streikforderungen dieses Arbeiterrates sahen die »schleunige Herbeiführung des Friedens ohne Annexion«, eine bessere Nahrungsmittelversorgung, die Aufhebung des Belagerungszustandes sowie die durchgreifende Demokratisierung der gesamten Staatseinrichtungen einschließlich der Abschaffung des Dreiklassenwahlrechts in Preußen und die Einführung des Frauenwahlrechts vor.

Der Arbeiterrat wählte einen Aktionsausschuss als Streikkomitee, dem elf Obleute, darunter Müller, Blumenthal und Cläre Casper, angehörten. Dazu kamen Hugo Haase, Georg Ledebour und Wilhelm Dittmann als Vertreter der USPD sowie Friedrich Ebert, Philipp Scheidemann und Otto Braun von der SPD. In der Folge entsandte der Aktionsausschuss Richard Müller, Paul Scholze, Philipp Scheidemann und Hugo Haase zum Staatssekretär des Innern, Max Wallraf. Doch trotz intensiver Bemühungen Scheidemanns war der Staatssekretär nicht

Streikende Munitionsarbeiter vor dem Gewerkschaftshaus am Engelufer, heute Engeldamm, im Januar/Februar 1918.

bereit, die Vertreter der Arbeiterschaft zu empfangen. Stattdessen setzte der wilhelminische Staat auf polizeiliche Maßnahmen zur Unterdrückung des politischen Streiks und der Aktionsausschuss wurde für illegal erklärt. Doch der Ausstand wurde fortgesetzt und radikalisierte sich zeitweise, bis am 1. Februar mit der militärischen Besetzung von Betrieben gedroht und der Streik daraufhin am 3. Februar abgebrochen wurde. Die staatlichen Behörden reagierten wie nach dem Streik von 1916 mit Härte: Viele der Beteiligten wurden zu Gefängnisstrafen verurteilt oder zum Kriegsdienst eingezogen. Auch der Versammlungsleiter des Arbeiterrates im Gewerkschaftshaus, Richard Müller, wurde als Rädelsführer zum Militärdienst berufen, obwohl er aufgrund einer starken Sehschwäche nicht diensttauglich war.

Gewerkschaftshaus / Wohn- und Geschäftshaus,
Engeldamm 62–64, 10179 Berlin

»ES LEBE DER FRIEDEN! DER FREIE DEUTSCHE VOLKS- STAAT, ER LEBE HOCH!«

ALEXANDERKASERNE

Der Morgen des 9. November 1918 unterschied sich zunächst nicht von anderen Tagen in Berlin –»Revolutionsstimmung war äußerlich nirgend sichtbar«, erinnerte sich der revolutionäre Obmann Richard Müller. Doch in den Fabriken gärte es. Im *Vorwärts*-Gebäude in der Lindenstraße 3 berichteten die Vertrauensleute der SPD um 8 Uhr dem Vorstandsmitglied Otto Wels von der revolutionären Stimmung in den Betrieben. Die Sitzung dauerte nur wenige Minuten, und Wels erklärte seinen Genossen:»Die Würfel sind gefallen. Geredet wird nicht mehr! Heraus aus den Betrieben, auf die Straßen!«

Noch während die Vertrauensleute zur Mobilisierung ihrer Genossen in die Betriebe eilten, wurde eine Delegation des Naumburger 4. Jägerbataillons beim SPD-Parteivorstand vorstellig. Das Naumburger Bataillon war in der Nacht zuvor zur Verstärkung der Berliner Garnison in die Alexanderkaserne eingerückt und mit Handgranaten bewaffnet worden. Doch die Soldaten wussten nicht, wie mit der Situation umzugehen war. Immerhin hatten sie gehört, dass nun Sozialdemokraten in der Regierung saßen. Sollten sie gegen ihre eigenen Landsleute militärisch vorgehen? Um sich Klarheit zu verschaffen, fuhr eine Delegation der Mannschaften zum SPD-Parteivorstand. Eines seiner Mitglieder sollte die Delegation zur Alexanderkaserne begleiten und die Soldaten über die derzeitige Lage informieren. Otto Wels fasste sich ein Herz und fuhr mit den Schwerbewaffneten in die Höhle des Löwen. In der Alexanderkaserne erklärte er vor den Soldaten:»Ich frage nicht, welcher Partei Ihr angehört: Wenn Ihr wollt, dass das Volk in Zukunft selbst sein Schicksal bestimmen soll, dann stellt Euch heute der sozialdemokratischen Partei zur Verfügung. Bekräftigt das durch den Ruf:

Otto Wels überzeugte am 9. November 1918 in der Alexanderkaserne die Soldaten des Naumburger 4. Jägerbataillons von der Sache der Revolution.

Es lebe der Frieden! Der freie deutsche Volksstaat, er lebe hoch!« Die Soldaten kommentierten Wels' Rede mit begeisterten Hochrufen. Mit einer größeren Abteilung von etwa 100 Mann kehrte er zum *Vorwärts*-Gebäude zurück. Die Schutzmaßnahme für das Gebäude der Sozialdemokraten war nicht unbegründet: Bereits gegen Mittag unternahmen bewaffnete Anhänger der Spartakusgruppe den Versuch, das Gebäude zu besetzen, gaben ihr Unternehmen angesichts der Anwesenheit der Naumburger Jäger allerdings unverrichteter Dinge schnell auf. Otto Wels gelang es im Verlauf des Tages, auch die Mannschaften anderer Kasernen für den Schutz der Republik zu gewinnen. Einen Tag später wurde er zum Stadtkommandanten von Berlin ernannt.

Alexanderkaserne / Deutsches Historisches Museum, Geschwister-Scholl-Straße 8, 10117 Berlin

»NIEDER MIT DEM KRIEG! NIEDER MIT DER MONARCHIE!«

TEMPELHOFER FELD

Während Otto Wels die Mannschaften der Berliner Kasernen von der Sache der Republik zu überzeugen suchte, begannen sich vor den Großbetrieben der Rüstungsindustrie und anderer Fabriken die Belegschaften zu riesigen Demonstrationszügen zu formieren. Sie sollten sich im Verlauf des Tages von den Außenbezirken ins Zentrum der Stadt bewegen. Rund um die Chausseestraße, dem als Feuerland bezeichneten Ausgangspunkt der Industrialisierung Berlins, waren zahlreiche Rüstungsfabriken ansässig. Am späten Vormittag des 9. November 1918 kamen die Belegschaften der Berliner Maschinenbau AG und der AEG von der Brunnenstraße zusammen und zogen zur Maikäferkaserne in die Chausseestraße, der Garnison des Garde-Füsilier-Regiments. Paul Walter von der Berliner Maschinenbau AG erinnerte sich: »Einige Kollegen hatten bereits Transparente angefertigt mit der Losung: Nieder mit dem Krieg! Nieder mit der Monarchie! Wir wollen Frieden und Brot!«

Die Arbeiter wollten die Mannschaften der Maikäferkaserne davon überzeugen, sich ihnen anzuschließen. Unter den Arbeitern war auch Erich Habersaath. Der 24-jährige Werkzeugmacher war mit 18 Jahren in die SPD eingetreten, hatte sich an der Gründung der USPD in Berlin beteiligt und war in der Leitung der im Oktober 1918 gegründeten Freien Sozialistischen Jugend (FSJ) tätig. Nun stand er in der vorderen Reihe am Kasernentor, als Offiziere unter bis heute nicht geklärten Umständen das Feuer auf die Arbeiter eröffneten. Habersaath wurde das erste Todesopfer der Revolution. Kurz nach ihm starben der Monteur Franz Schwengler und der Schraubendreher Richard Glathe bei der Maikäferkaserne.

Trauerfeier für die am 9. November 1918 getöteten Arbeiter und Soldaten auf dem Tempelhofer Feld.

Auch an anderen Orten in Berlin kam es bei Auseinandersetzungen zwischen revolutionären Arbeitern und Anhängern der Monarchie zu Todesopfern. Habersaath wurde gemeinsam mit sieben weiteren Opfern am 20. November 1918 auf dem Friedhof der Märzgefallenen im Volkspark Friedrichshain beigesetzt. Vorausgegangen war ein Trauerzug, an dessen Planung der Architekt und Aktivist des AfK, Bruno Taut, mitgewirkt hatte. An der Trauerfeier auf dem Tempelhofer Feld nahmen etwa 35.000 Menschen teil. Friedrich Ebert und Hugo Haase waren als Vertreter des Rates der Volksbeauftragten zugegen. Haase, der preußische Innenminister Paul Hirsch, Richard Müller von den revolutionären Obleuten sowie Brutus Molkenbuhr von den Soldatenräten hielten die Trauerreden. Nach Erich Habersaath ist seit 1951 beim Gelände der ehemaligen Maikäferkaserne eine Straße benannt.

Tempelhofer Feld, Tempelhofer Damm, 12101 Berlin

»DER KAISER UND KÖNIG HAT SICH ENTSCHLOSSEN, DEM THRONE ZU ENTSAGEN«

REICHSKANZLERPALAIS

Für Reichskanzler Prinz Max von Baden waren die Nachrichten vom Übertritt der Naumburger Jäger auf die Seite der Revolutionäre äußerst alarmierend: Als er das Große Hauptquartier in Spa am Vormittag des 9. November 1918 darüber informiert, wurde ihm von der Militärführung erklärt, dass Kaiser Wilhelm II. angesichts der revolutionären Umwälzungen entschlossen sei abzutreten. In Kürze würde er die entsprechende Erklärung erhalten. Doch als diese nicht eintraf, entschloss sich Max von Baden selbst zu dem entscheidenden Schritt: Für die Depeschenagentur des Wolff´schen Telegraphen-Bureaus (WTB) diktierte er den Rücktritt von Wilhelm II.:»Der Kaiser und König hat sich entschlossen, dem Throne zu entsagen.«

Wenig später kamen die beiden SPD-Vorsitzenden Friedrich Ebert und Philipp Scheidemann ins Reichskanzlerpalais. Ebert erklärte dem Reichskanzler und seinem Kabinett angesichts der revolutionären Situation,»dass wir es zur Vermeidung von Blutvergießen für unbedingt erforderlich halten, dass die Regierungsgewalt an Männer übergeht, die das volle Vertrauen des Volkes besitzen«. Daraufhin übergab Max von Baden dem Sozialdemokraten Friedrich Ebert das Amt des Reichskanzlers, wozu er laut Verfassung nicht befugt war. Von nun an leitete Friedrich Ebert die Regierungsgeschäfte, bis ihn die Nationalversammlung am 11. Februar 1919 zum Reichspräsidenten der Weimarer Republik wählte.

Am Abend des 10. November 1918 kam es in der Reichskanzlei zu einem denkwürdigen Telefonat. Wilhelm Groener, der Erste Generalquartiermeister der OHL, rief Friedrich Ebert an, um ihm mitzuteilen, dass sich das Heer der neuen Regierung zur Verfügung stellte. Umge-

*Rede von Friedrich Ebert am Reichskanzlerpalais in der Wilhelmstraße vor
Unteroffizieren am 6. Dezember 1918.*

kehrt verlangte das Offizierskorps von der Regierung die »Bekämpfung
des Bolschewismus«. Friedrich Ebert ließ sich, so Groener in seinen
Erinnerungen, auf den Bündnisvorschlag ein: »Von da an besprachen
wir uns täglich auf einer geheimen Leitung zwischen der Reichskanzlei und der Heeresleitung über die notwendigen Maßnahmen.« Die
bei Ebert pragmatisch motivierte Absprache mit Groener verhinderte
allerdings, so die Einschätzung von Joachim Käppner, »dass die neue
Regierung etwas sehr Naheliegendes tun wird: das Versagen des kai-
serlichen Militärs aufzuarbeiten, seine Siegfriedenspolitik, die Quasi-
Diktatur der OHL, vor allem die Schuld an der Niederlage.« Damit war
die junge Republik von Anbeginn mit der Last der Kriegspolitik der
Monarchie und der Dolchstoßlegende belastet.

Reichskanzlerpalais / Wohnhaus, Wilhelmstraße 93, 10117 Berlin

»ES LEBE DAS NEUE! ES LEBE DIE DEUTSCHE REPUBLIK!«

REICHSTAGSGEBÄUDE

Als Philipp Scheidemann vom Reichskanzlerpalais zum Reichstag gelangte, hatte sich dort bereits eine ungeheuer große Menschenmenge versammelt. Der Reichstag selbst glich, so Scheidemann, einem Heerlager: Durch die Gänge wandelten Soldaten und Matrosen, die ihre Gewehre in Pyramiden zusammengestellt hatten, und im Hof des Gebäudes wieherten Pferde. Während Scheidemann und Ebert im Speisesaal gerade eine dünne Suppe einnahmen, erschien gegen 14 Uhr eine Gruppe von Arbeitern und Soldaten. Sie forderten Scheidemann dazu auf, zu den Zehntausenden vor dem Reichstagsgebäude zu reden. Daraufhin ging er in den Lesesaal im ersten Stock und trat in das große Fenster. Als der populäre SPD-Politiker zu reden begann, wurde es still. Scheidemann begrüßte das Ende des Krieges und kritisierte die ursprünglichen Annexionspläne sowie die »Daheimkrieger« als die »wirklichen inneren Feinde, die Deutschlands Zusammenbruch verschuldet haben«. Weiter rief er den Zehntausenden zu: »Diese Volksfeinde sind hoffentlich für immer erledigt. Der Kaiser hat abgedankt. Er und seine Freunde sind verschwunden. Über sie alle hat das Volk auf der ganzen Linie gesiegt! Der Prinz Max von Baden hat sein Reichskanzleramt dem Abgeordneten Ebert übergeben. Unser Freund wird eine Arbeiterregierung bilden, der alle sozialistischen Parteien angehören werden. Seid einig, treu und pflichtbewusst! Das Alte und Morsche, die Monarchie ist zusammengebrochen. Es lebe das Neue! Es lebe die deutsche Republik!« Die Menschenmenge jubelte Scheidemann zu, und seine Botschaft verbreitete sich schnell in Berlin.

Doch als Scheidemann in den Speisesaal zurückkehrte, war sein Genosse Friedrich Ebert alles andere als erfreut über die Ausrufung der

Der Rat der Volksbeauftragten: Hugo Haase, Otto Landsberg, Wilhelm Dittmann (linke Seite) und Friedrich Ebert, Philipp Scheidemann, Emil Barth (rechte Seite).

Republik: »Das war unrecht. Über die zukünftige Staatsform wird die Konstituante zu entscheiden haben!« rief Ebert seinem Parteifreund zu. Für Ebert war durch den eigenmächtigen Auftritt von Scheidemann die Möglichkeit einer Koalition mit den bürgerlichen Parteien vom Tisch. Nun blieb der SPD nur noch der Weg, gemeinsam mit der USPD zu einer Regierung zu gelangen. Noch am Nachmittag des 9. November unterbreiteten Friedrich Ebert, Philipp Scheidemann und Otto Braun der Fraktion der USPD im Reichstag das Angebot, eine gemeinsame Revolutionsregierung zu bilden – und dabei »Halbpart zu machen«, also die Regierung mit der jeweils gleichen Anzahl von Vertretern besetzen zu lassen. Heute kreuzen die Ebertstraße und die Scheidemannstraße vor dem Reichstagsgebäude, davor liegt der Platz der Republik.

Reichstagsgebäude, Platz der Republik 1, 11011 Berlin

»IN DIESER STUNDE PROKLAMIEREN WIR DIE FREIE, SOZIALISTISCHE REPUBLIK DEUTSCHLAND!«

SCHLOSSPORTAL IV

Am späten Nachmittag des 9. November 1918 wurde noch ein zweites Mal in Berlin die Republik ausgerufen, diesmal von Karl Liebknecht. Er war am 23. Oktober 1918 vorzeitig aus dem Zuchthaus von Luckau entlassen worden. Dafür hatte sich in besonderer Weise Philipp Scheidemann eingesetzt, der seit dem 3. Oktober der ersten parlamentarischen Regierung unter Leitung von Reichskanzler Prinz Max von Baden als Staatssekretär angehörte. Liebknecht wurde bei seiner Ankunft am Anhalter Bahnhof von etwa 20.000 Menschen empfangen. Der kriegsmüden Bevölkerung galt er aufgrund seines Engagements gegen den Krieg als Symbol ihrer Friedenssehnsucht. Am Morgen des 9. November übernahm Liebknecht die Führung eines Demonstrationszuges, der von Schöneberg aus in Richtung des Hohenzollernschlosses marschierte. Als er gegen 17 Uhr dort eintraf, erklärte er vor dem IV. Portal des Stadtschlosses: »Das Alte ist nicht mehr. Die Herrschaft der Hohenzollern, die in diesem Schloss jahrhundertelang gewohnt haben, ist vorüber. In dieser Stunde proklamieren wir die freie, sozialistische Republik Deutschland!« Für Liebknecht war allerdings klar, dass der revolutionäre Prozess nun erst seinen Anfang genommen hatte: »Wir müssen alle Kräfte anspannen, um die Regierung der Arbeiter und Soldaten aufzubauen und eine neue staatliche Ordnung des Proletariats zu schaffen.«

Deshalb ging Liebknecht vom Stadtschloss aus in den Reichstag, um den dort versammelten Führern der USPD und der revolutionären Obleute seine Position zu vermitteln. Diese berieten gerade über das Angebot der SPD, eine gemeinsame Revolutionsregierung zu bilden. Liebknecht formulierte dafür als Bedingung: »Alle exekutive, alle

Karl Liebknecht, hier bei einer Rede vor dem Ministerium des Innern im Januar 1919.

legislative, alle richterliche Gewalt bei den Arbeiter- und Soldatenräten.« Auf diese Forderungen ließ sich die USPD nicht ein. Deshalb zog sich Liebknecht am nächsten Morgen von den Verhandlungen über die künftige Revolutionsregierung zurück. Auch einen Sitz im Rat der Volksbeauftragten, der ihm von der USPD angetragen worden war, lehnte er ab. Liebknecht engagierte sich in der Folge weiter im Spartakusbund und mit Rosa Luxemburg als Herausgeber der Zeitung *Die Rote Fahne*. In Erinnerung an Liebknechts Ausrufung der sozialistischen Republik ließ die SED-Führung nach Abriss des Stadtschlosses das zuvor gesicherte Portal IV in das moderne Staatsratsgebäude der DDR einbauen. In unmittelbarer Nähe dazu befindet sich die Liebknechtbrücke über die Spree sowie die Karl-Liebknecht-Straße.

Schlossportal IV / Staatsratsgebäude, Schlossplatz 1, 10178 Berlin

»LEITSTERN ALLER KÜNFTIGEN POLITIK MUSS DIE UNANTASTBARKEIT DES LEBENS SEIN«

BLÜTHNERSAAL

Einen Tag nach dem ereignisreichen 9. November 1918 wurde in Anlehnung an die allerorten entstehenden Arbeiter- und Soldatenräte im Reichstagsgebäude ein weiterer Rat gebildet: Der Politische Rat geistiger Arbeiter. Initiator dieser Gründung war Kurt Hiller, der in Berlin als Wegbereiter des literarischen Expressionismus bekannt war. Hiller hatte bereits kurz nach Beginn des Weltkriegs im literarisch-künstlerischen Umfeld des Cafés des Westens (»Café Größenwahn«) eine Gruppe gebildet, die sich als Bund der Aktivisten bezeichnete und eine pazifistische Haltung vertrat. Am 6. und 7. November trafen sich im Grand Café Nollendorf-Casino die Künstler des Bundes der Aktivisten und gaben sich ein Programm, das einige Tage später zum Programm des Politischen Rates geistiger Arbeiter wurde und am 21. November in der *Weltbühne* erschien. Neben dem Berliner etablierten sich auch in anderen Städten wie Karlsruhe, Köln, Königsberg, Leipzig und Stuttgart Politische Räte geistiger Arbeiter. In München hatte Heinrich Mann den Vorsitz des Rates inne.

Im Programm des Politischen Rates geistiger Arbeiter wurde der Pazifismus und die Forderung nach einer sozialistischen Umgestaltung der Wirtschaft betont: »Leitstern aller künftigen Politik muss die Unantastbarkeit des Lebens sein. Die Schöpfung zu heiligen, das Schöpferische zu schützen, die Sklaverei in jeglicher Gestalt vom Erdball zu fegen, das ist die Pflicht. Der Politische Rat geistiger Arbeiter kämpft daher vor allem gegen die Knechtung der Gesamtheit des Volkes durch den Kriegsdienst und gegen die Unterdrückung der Arbeiter durch das kapitalistische System.« Weiterhin wurden sexuelle Selbstbestimmung sowie die Demokratisierung des Bildungswesens angestrebt.

Der Initiator des Politischen Rates geistiger Arbeiter, der Schriftsteller und Pazifist Kurt Hiller, hielt im Dezember 1918 im Blüthnersaal eine programmatische Rede.

Unterzeichnet hatten das Programm neben Kurt Hiller namhafte Intellektuelle und Künstler wie Lou Andreas-Salomé, Richard Graf Coudenhove, Magnus Hirschfeld, Rudolf Leonhard, Ludwig Meidner, Carlo Mierendorff, Robert Musil, Kurt Pinthus, René Schickele, Hugo Sinzheimer, Helene Stöcker, Bruno Taut, Gustav Wyneken und Paul Zech. Dem Rat gelang es weder unter der Arbeiterschaft noch in bürgerlichen Kreisen politische Verbündete zu finden. Nachdem Hiller am 2. Dezember im Blüthnersaal eine Rede gehalten hatte, bescheinigte etwa der Herausgeber der *Weltbühne*, Siegfried Jacobsohn, den Geistes-Räten »ahnungslos-idealistisch und himmelblau-unschuldig« im politischen Geschäft zu sein. Der Politische Rat geistiger Arbeiter löste sich im Juni 1919 auf.

Blüthnersaal / Geschäftshaus, Lützowstraße 76, 10785 Berlin

»EINIGKEIT! EINIGKEIT!«

ZIRKUS BUSCH

Eigentlich war der Zirkus Busch eine Attraktion Berlins und Vergnügungsstätte, die mehr als 4.000 Menschen Platz bot. Am 10. November 1918 wurde an diesem Ort jedoch politische Geschichte geschrieben: In der Nacht zuvor war von einer Versammlung der Arbeiter- und Soldatenräte unter Leitung der revolutionären Obleute Emil Barth und Richard Müller beschlossen worden, am nächsten Tag im Zirkus Busch eine Vollversammlung der Berliner Arbeiter- und Soldatenräte durchzuführen. Damit wollten die revolutionären Obleute und Anhänger des Spartakusbundes in das Ringen um die Macht nach dem 9. November eingreifen und die geplante Regierungskoalition von SPD und USPD verhindern. Entsprechend mobilisierten sie noch in der Nacht ihre Anhänger, die am Morgen in den Fabriken und Kasernen die Delegierten wählten.

Doch auch die SPD-Führung suchte ihre Anhängerschaft hinter sich zu vereinen: Otto Wels hatte an der Sitzung der radikalen Linken teilgenommen und ließ noch in der Nacht ein Flugblatt in einer Auflagenhöhe von 40.000 drucken, das in der gesamten Berliner Garnison verteilt wurde. Es wandte sich »an alle Truppenteile, welche auf dem Boden der Politik stehen, die der *Vorwärts* vertritt«.

Am nächsten Tag gegen 17 Uhr eröffnete Emil Barth als Vorsitzender die Vollversammlung der etwa 3.000 Berliner Arbeiter- und Soldatenräte im Zirkus Busch. Die Stimmung unter den Arbeitern und Soldaten war eindeutig – man wollte die politischen Differenzen der gespaltenen Sozialdemokratie überwinden und forderte ein Ende des Bruderkampfes. So fand sich Karl Liebknecht isoliert, als er in seiner Rede gegen die Sozialdemokraten polemisierte und sie als Feinde der

Der an der Spree gelegene Zirkus Busch, um 1920. Hier fand am 10. November 1918 die Vollversammlung der Berliner Arbeiter- und Soldatenräte statt.

Revolution bezeichnete: Er wurde durch stürmische Rufe nach »Einigkeit! Einigkeit!« unterbrochen.

Die Berliner Arbeiter- und Soldatenräte bestätigten mit überwältigender Mehrheit die gemeinsame Regierung von SPD und USPD, den Rat der Volkbeauftragten. Dem Kabinett gehörten je drei Mitglieder an: Für die SPD Friedrich Ebert, Philipp Scheidemann und Otto Landsberg, für die USPD Hugo Haase, Wilhelm Dittmann und Emil Barth. Formal teilten sich zwar Ebert und Haase den Vorsitz des Rates, doch prägte Ebert dessen Politik von Beginn an maßgeblich. Zur Kontrolle der Regierung wurde im Zirkus Busch der Vollzugsrat des Arbeiter- und Soldatenrates Groß-Berlin gewählt, der ebenfalls zu gleichen Teilen mit SPD- und USPD-Anhängern besetzt wurde und dessen Vorsitz Richard Müller als Sprecher der revolutionären Obleute übernahm.

Zirkus Busch / James-Simon-Park, Burgstraße 28, 10178 Berlin

»DAS HÖCHSTMASS DER TÄGLICHEN ARBEITSZEIT WIRD AUF 8 STUNDEN FESTGESETZT«

CONTINENTAL-HOTEL

Knapp eine Woche nach der Abschaffung der Monarchie kam es im Berliner Luxushotel Continental zur Unterzeichnung einer wegweisenden Vereinbarung zwischen Unternehmen und Gewerkschaften – dem Stinnes-Legien-Abkommen, benannt nach den beiden Verhandlungsführern, dem Großindustriellen Hugo Stinnes und dem Vorsitzenden der Generalkommission der Gewerkschaften Deutschlands, Carl Legien (SPD). Bereits im Mai 1917 führten Stinnes und das Vorstandsmitglied der Freien Gewerkschaften, August Müller (SPD), in Berlin erste Gespräche. In der Folge verhandelten Vertreter der Generalkommission und von Großunternehmern hinter den Kulissen über Möglichkeiten der Sicherung von politischer und sozialer Stabilität nach Beendigung des Krieges.

Mit dem im Continental-Hotel am 15. November 1918 unterzeichneten Abkommen wurden die Gewerkschaften von den Arbeitgeberverbänden als gleichberechtigte Verhandlungspartner anerkannt und die Koalitionsfreiheit der Arbeiterinnen und Arbeiter gesichert. Für die heimkehrenden Soldaten konnten die Gewerkschaftsvertreter die sofortige Wiedereinstellung bei ihrem früheren Arbeitgeber erreichen. Besondere sozialpolitische Bedeutung kam Punkt 9 des Abkommens zu: »Das Höchstmaß der täglichen regelmäßigen Arbeitszeit wird für alle Betriebe auf 8 Stunden festgesetzt.« Damit kamen die Arbeitgeberverbände der Forderung nach dem Achtstundentag nach, die von der Arbeiterbewegung schon seit Mitte des 19. Jahrhunderts erhoben worden war. Zur Verstetigung der Zusammenarbeit von Unternehmern und Gewerkschaften wurde im Stinnes-Legien-Abkommen die Einrichtung einer Zentralarbeitsgemeinschaft (ZAG) anvisiert. Die ZAG sollte, so Gerald

Die Protagonisten des Stinnes-Legien-Abkommens: der Großindustrielle Hugo Stinnes (links) und der Gewerkschaftsführer Carl Legien (rechts).

D. Feldman, »die Funktion eines Wirtschaftsparlaments übernehmen, dessen Entscheidungen in wirtschaftlichen und sozialen Fragen mehr Gewicht haben würde als die des politischen Parlaments«. Unterzeichnet worden war das Abkommen von zahlreichen Arbeitgeberverbänden und Gewerkschaften sowie von Persönlichkeiten wie Ernst von Borsig (Borsigwerke), Geheimrat Felix Deutsch (AEG), Gustav Hartmann (Verband der deutschen Gewerkvereine), Carl Legien (Generalkommission der Gewerkschaften), Walther Rathenau (AEG), Hans von Raumer (Zentralverband der deutschen elektrotechnischen Industrie), Adam Stegerwald (Gesamtverband der christlichen Gewerkschaften), Carl Friedrich von Siemens (Siemens-Schuckertwerke) und Hugo Stinnes (Hugo Stinnes GmbH). Linksradikale Arbeiterführer kritisierten die ZAG als Verrat an der Arbeiterklasse.

Continental-Hotel / Wohn- und Geschäftshäuser,
Neustädtische Kirchstraße 6–8, 10117 Berlin

»KUNST UND VOLK MÜSSEN EINE EINHEIT BILDEN«

WOHNUNG VON ADOLF BEHNE

Die politischen Umwälzungen der Novemberrevolution hatten auch Auswirkungen auf den künstlerischen Bereich: In begrifflicher Anlehnung an die Arbeiter- und Soldatenräte gründete sich in Berlin der Arbeitsrat für Kunst (AfK). Bereits vor dem Weltkrieg hatten sich Künstler in Vereinigungen wie der »Brücke«, dem »Blauen Reiter«, im »Deutschen Werkbund« und der »Bewegung Neues Bauen« zusammengefunden und nach neuen Ausdrucksformen jenseits althergebrachter Konventionen gesucht. Im Haus des Architekten und Publizisten Adolf Behne in der Charlottenburger Grünstraße traf sich ein Freundeskreis von Architekten, Künstlern und Musikern, der sich zunächst als »Baubrüderschaft« bezeichnete und aus dem im November 1918 der AfK hervorging. Dem Arbeitsrat gehörten unter anderem Otto Bartning, Adolf Behne, Rudolf Belling, Lyonel Feininger, Otto Freundlich, Walter Gropius, Erich Heckel, César Klein, Georg Kolbe, Ludwig Meidner, Emil Nolde, Max Pechstein, Hans Poelzig, Karl Schmidt-Rottluff sowie Bruno und Max Taut an.

Der Wortführer des AfK war zunächst Bruno Taut, der schon vor dem Krieg durch seinen expressionistischen Architekturstil von sich reden gemacht hatte. In einer vom AfK zu Weihnachten 1918 veröffentlichten Flugschrift erklärte Taut, dass die derzeitige politische Umwälzung zur Befreiung von jahrzehntelanger Bevormundung genutzt werden müsse. Zur Programmatik des AfK heißt es weiter: »Kunst und Volk müssen eine Einheit bilden. Die Kunst soll nicht mehr Genuss weniger, sondern Glück und Leben der Masse sein. Zusammenschluss der Künste unter den Flügeln einer großen Baukunst ist das Ziel. Fortan ist der Künstler allein als Gestalter des Volksempfindens verantwort-

Holzschnitt eines Flugblattes des Arbeitsrates für Kunst (1919, vermutlich von Max Pechstein).

lich für das sichtbare Gewand des neuen Staates.« In einem Flugblatt vom 18. Dezember 1918 erhoben die Mitglieder des AfK neben den Neuerungen bei der Bautätigkeit explizit auch Forderungen im Hinblick auf die Vermittlung von Kunst an die breite Bevölkerung. So sollten »Volkshäuser als Vermittlungsstätten aller Künste an das Volk« eingerichtet werden, eine »Belebung der Museen als Bildungsstätten für das Volk« und die »Einrichtung ständig wechselnder, durch Vorträge und Führungen dem ganzen Volke dienstbar gemachter Ausstellungen« erfolgen. Zwar löste sich der AfK bereits am 30. Mai 1921 auf. Doch bildeten seine Aktivitäten eine Keimzelle für weitreichende künstlerische Neuerungen etwa in der Architektur, wo Bruno Taut, Otto Bartning und Walter Gropius neue städtebauliche Wege beschritten.

Wohnhaus, Grünstraße 16 / Haubachstraße 16, 10585 Berlin

»DIE NOVEMBERGRUPPE IST DER ZUSAMMENSCHLUSS RADIKALER KÜNSTLER«

GALERIE FRAENKEL & CO.

Auf Initiative der Maler Max Pechstein, César Klein, Moritz Melzer, Otto Freundlich, Heinrich Richter und Georg Tappert erfolgte kurze Zeit nach der Etablierung des AfK die Gründung einer weiteren Künstlervereinigung, die ihren Namen von den revolutionären Umwälzungen ableitete – die Novembergruppe. Neben zahlreichen Malern fanden sich darin auch der Bildhauer Rudolf Belling und der Architekt Erich Mendelsohn zusammen. Bei vielen Künstlern deckte sich die Mitgliedschaft in der Novembergruppe mit der im AfK. Die Aufforderung des AfK an die Novembergruppe, diesem als Gruppe beizutreten, wurde allerdings bei der ersten Sitzung der Novembergruppe am 3. Dezember 1918 abgelehnt. Später stießen weitere Künstler unterschiedlicher Provenienz zur Novembergruppe wie die Dadaisten Hans Arp, Raoul Hausmann, Hannah Höch und Hans Richter, der Maler George Grosz, der Architekt Mies van der Rohe, der Futurist Enrico Prampolini sowie die Komponisten Hanns Eisler und Kurt Weill.

Im Hinblick auf die Motivation zu ihrer Vereinigung erklärte die Gruppe in einem Rundschreiben vom 13. Dezember 1918: »Die Zukunft der Kunst und der Ernst der jetzigen Stunde zwingt uns Revolutionäre des Geistes (Expressionisten, Kubisten, Futuristen) zur Einigung und engem Zusammenschluss. Wir richten daher an alle Künstler, welche die alten Formen in der Kunst zerbrochen, die dringende Aufforderung, ihren Beitritt zur Novembergruppe zu erklären.« In ihren Richtlinien forderten die Künstler eine Beteiligung bei der »Neugestaltung der Kunstschulen und ihres Unterrichts«, die »Aufhebung behördlicher Bevormundung« und die Umwandlung der Museen zu »Volksuniversitäten, zu vorurteilslosen Vermittlern zeitloser Gesetze«.

Werke von Künstlern der Novembergruppe, hier auf der Großen Berliner Kunstausstellung 1919.

Die Aktivitäten der Novembergruppe erlangten ihre größte Breitenwirkung durch Ausstellungen. Die erste Ausstellung der Gruppe fand bei Fraenkel & Co. (Josef Altmann) am Lützowufer 13 statt. Im Katalogblatt zu dieser Ausstellung heißt es: »Die Novembergruppe ist der Zusammenschluss radikaler Künstler, radikal im Verwerfen bisheriger Ausdrucksformen, radikal im Anwenden neuer Ausdrucksmittel.« Gerade aufgrund ihrer heterogenen Zusammensetzung konnte die Novembergruppe bis zum Beginn der Herrschaft der Nationalsozialisten bestehen. Dann wurde sie verboten, zahlreiche ihrer Mitglieder wurden in der Ausstellung *Entartete Kunst* verfemt und verfolgt. So auch das Gründungsmitglied Otto Freundlich, der in einem Vernichtungslager – Lublin-Majdanek oder Sobibor – getötet wurde.

Galerie Fraenkel & Co. / Wohn- und Geschäftshaus, Lützowufer 13, 10785 Berlin

DAS BLUTBAD BEI DER MAIKÄFERKASERNE

CHAUSSEESTRASSE, ECKE INVALIDENSTRASSE

Der 6. Dezember 1918 ging als chaotischer und blutiger Tag in die Geschichte der deutschen Revolution ein. Die Abläufe der Ereignisse an diesem Tag sind bis heute nicht gänzlich geklärt. Zunächst unternahmen Angehörige des Kaiser Franz Grenadier-Regiments den Versuch, die Mitglieder des Vollzugsrates des Arbeiter- und Soldatenrates zu verhaften, den Rat der Volksbeauftragten aufzulösen und Friedrich Ebert zum Präsidenten auszurufen. Doch als bewaffnete Franzer im preußischen Abgeordnetenhaus, dem Sitz des Vollzugsrates, dessen Mitglieder festsetzen wollten, konnten Emil Barth und Max Cohen beruhigend auf sie einwirken, sodass sie von ihrem Vorhaben abließen. Zugleich kam es vor der Reichskanzlei zu einem Aufmarsch von etwa 150 Franzern. Ihr Anführer stieg auf ein Auto, wetterte gegen die Misswirtschaft des Vollzugsrates, forderte noch für Dezember die Wahl zur Nationalversammlung und rief Friedrich Ebert zum Reichspräsidenten aus. Dieser übte sich in Zurückhaltung und erklärte:»Kameraden und Genossen! Den Ruf, der an mich ergangen ist, kann und will ich nicht annehmen, ohne vorher mit meinen Freunden in der Regierung gesprochen zu haben.« Daraufhin löste sich die Versammlung auf. Hinter der Aktion standen Beamte des Außenministeriums und Oberst Hans von Haeften, der als Verbindungsoffizier von der OHL in die Reichskanzlei entsandt worden war.

Am Nachmittag des 6. Dezember kam es dann zu einem folgenschweren Aufeinandertreffen von Demonstranten und Militär: Unter Leitung des Spartakusbundes waren drei Versammlungen durchgeführt worden, deren Teilnehmer anschließend im Regierungsviertel demonstrieren wollten. Als der Stadtkommandant Otto Wels davon

BERLIN. Kaserne d. Garde-Füseliere i. d. Chausseestr.

Die sogenannte Maikäferkaserne in der Chausseestraße um 1910. Heute befindet sich dort die Zentrale des Bundesnachrichtendienstes.

erfuhr und schwere Ausschreitungen befürchtete, ließ er vom Garde-Füsilier-Regiment der Maikäferkaserne die Chausseestraße an der Ecke Invalidenstraße abriegeln. Der Demonstrationszug war von Polizeipräsident Emil Eichhorn genehmigt worden. Doch entgegen der Auflage des Polizeipräsidenten, keine Waffen zu tragen, waren einige der Spartakusanhänger doch bewaffnet. Beim Aufeinandertreffen von Demonstranten und Maikäfern kam es zu einer Schießerei, an deren Ende 16 Demonstranten und Passanten tot sowie zahlreiche verletzt waren. Die genauen Umstände der Auseinandersetzung sind noch immer unklar. Doch führten die Ereignisse in der Chausseestraße zu einem einschneidenden Vertrauensbruch zwischen den radikaleren Kräften und Friedrich Ebert vom Rat der Volksbeauftragten.

Chausseestraße, Ecke Invalidenstraße, 10115 Berlin

»KEIN FEIND HAT EUCH ÜBERWUNDEN«

BRANDENBURGER TOR

Vier Tage nach dem gescheiterten Versuch des Militärs, Friedrich Ebert zum Reichspräsidenten zu erklären, ergriff die OHL erneut die politische Initiative: Rund um Berlin waren ehemalige Feldtruppen zusammengezogen worden und sollten unter dem Kommando des Infanteriegenerals Arnold Lequis und dessen Stabschef Bodo von Harbou am 10. Dezember 1918 in die Reichshauptstadt einmarschieren. Ziel war es, das Heimatheer mit seinen Soldatenräten aufzulösen und, so Oberst von Haeften,»eine Art Gegenputsch durchzuführen«. Doch der Vollzugsrat wehrte sich. So berichtete der Vorsitzende des Potsdamer Soldatenrates Heyne vor dem Volkzugsrat, dass unter dem Kommando Lequis zwischen Potsdam und Nikolassee Massen von Truppen stünden. Heyne habe versucht, mit den Kameraden von der GKSD über die Einrichtung von Soldatenräten zu diskutieren und die Antwort erhalten:»Soldatenräte, Unsinn! Wir werden die Berliner schon auf die Schnauze schlagen!« Der Vollzugsrat setzte daraufhin mit dem Rat der Volksbeauftragten durch, dass nur Berliner Einheiten, begleitet von Komitees der Arbeiter- und Soldatenräte, einziehen durften. Auch wurde den einziehenden Truppen statt der vollen Kampfmontur, Maschinengewehren und Panzerfahrzeugen nur das Mitführen von Taschenmunition erlaubt. Mit der OHL wurde vereinbart, dass die Truppen auf die»Deutsche Republik« vereidigt wurden.

Friedrich Ebert begrüßte am 10. Dezember die ersten Einheiten am Brandenburger Tor. In seiner Rede erklärte er:»Seid willkommen von ganzem Herzen, Kameraden, Genossen, Bürger. Eure Opfer und Taten sind ohne Beispiel. Kein Feind hat Euch überwunden. Erst als die Übermacht der Gegner an Menschen und Material immer drückender

Der Volksbeauftragte Friedrich Ebert begrüßt die heimkehrenden Truppen vor dem Brandenburger Tor am 10. Dezember 1918.

wurde, haben wir den Kampf aufgegeben.« Nach Joachim Käppner wollte der Volksbeauftragte damit zum Ausdruck bringen, dass die einfachen Soldaten keine Schuld an der Niederlage trügen. Doch Eberts Worte konnten auch als Bestätigung der Dolchstoßlegende verstanden werden.

Das Kalkül der OHL, Berlin durch die zusammengezogenen ehemaligen Frontsoldaten zu besetzen und damit die vor einem Monat entstandenen neuen politischen Machtverhältnisse wieder zu ändern, ging am 10. Dezember nicht auf. Der Publizist und Historiker Sebastian Haffner berichtet: »Die Truppe hatte sofort nach Eberts Begrüßungsansprache begonnen, sich aufzulösen – spontan, disziplinwidrig, unaufhaltsam. Alle wollten nach Hause – und Weihnachten stand vor der Tür.«

Brandenburger Tor, Pariser Platz, 10117 Berlin

»WAS HAT DER BOLSCHEWISMUS IN RUSSLAND ERREICHT? NACH MEINER ÜBERZEUGUNG NICHTS«

PREUSSISCHES ABGEORDNETENHAUS

Mitte November 1918 hatte der Vollzugsrat die Durchführung eines Rätekongresses beschlossen, an dem Abgesandte aus dem gesamten Deutschen Reich teilnehmen sollten. So traten vom 16. bis 21. Dezember im preußischen Abgeordnetenhaus 514 Delegierte zum Ersten Reichskongress der Arbeiter- und Soldatenräte zusammen. Dabei waren die Mehrheitsverhältnisse eindeutig: Etwa 300 Räte waren der SPD, 100 der USPD und die übrigen bürgerlich-demokratischen Gruppierungen oder keiner Partei zuzurechnen. Vertreter der radikalen Linken waren kaum dabei. Rosa Luxemburg und Karl Liebknecht hatten kein Mandat erhalten.

Für den Rat der Volksbeauftragten erklärte Wilhelm Dittmann (USPD), vor welche Herausforderungen sich die Revolutionsregierung angesichts der Auflagen des Waffenstillstandes gestellt sah. Nun sei man zusammengekommen, um darüber zu bestimmen, was werden sollte: »Nationalversammlung oder Diktatur, das ist hier die Frage!« Der linke Flügel der USPD setzte sich vehement für die Errichtung eines Rätesystems und gegen eine Nationalversammlung ein. Max Cohen (SPD) wiederum warnte vor einer Diktatur nach russischem Vorbild: »Was hat der Bolschewismus, die Diktatur des Proletariats in Russland erreicht? Nach meiner Überzeugung nichts, was zur Förderung des Sozialismus, sondern nur, was dazu dienen kann, den Sozialismus auf Jahrzehnte hinaus zu diskreditieren.« Die Mehrheit der anwesenden Räte wollte kein Rätesystem auf Dauer errichten, sondern verstand die eigene Herrschaft als eine auf Zeit, bis in Deutschland die parlamentarische Demokratie eingerichtet war. Entsprechend lehnten sie mit überwältigender Mehrheit den Antrag ab, am Rätesystem als Grundla-

Richard Müller eröffnet den ersten Reichskongress der Arbeiter- und Soldatenräte am 16. Dezember 1918 im Preußischen Abgeordnetenhaus.

ge der Verfassung festzuhalten. Dagegen beschlossen 400 Delegierte gegen 50 Stimmen, die Wahlen zur Nationalversammlung am 19. Januar 1919 durchzuführen. Weiterhin stimmten die Räte einem Antrag zu, der die Revolutionsregierung aufforderte, mit der Sozialisierung von Industriebetrieben zu beginnen. Als militärpolitische Maßnahmen beschloss der Reichsrätekongress die Übernahme der obersten Kommandogewalt durch den Rat der Volksbeauftragten, die Entfernung aller Rangabzeichen und:»Die Soldaten wählen ihre Führer selbst.« Eine entsprechende Reaktion der OHL ließ nicht lange auf sich warten: Am 19. Dezember erklärte Paul von Hindenburg, dass er diesen Beschluss nicht anerkennen könne.

Preußisches Abgeordnetenhaus / Abgeordnetenhaus von Berlin,
Niederkirchnerstraße 5, 10117 Berlin

»ES GIBT NUR SIEG ODER VERNICHTUNG«

WOHNUNG DER ROTEN FAHNE

Am 19. Dezember 1918 tauchte eine der schillerndsten Persönlichkeiten der Novemberrevolution in Berlin auf: Karl Radek, einst Mitglied der polnischen Sozialdemokratie und 1909/10 auch der SPD, hatte Lenin 1917 im Eisenbahnwagon von der Schweiz nach Petrograd begleitet und kam nun mit Ernst Reuter und Werner Rakow inkognito im Auftrag des Allrussischen Zentralen Exekutivkomitees in die deutsche Hauptstadt. Eingeladen worden waren die Abgesandten Lenins von der USPD zur Teilnahme am Reichsrätekongress. Radek traf sich jedoch mit den führenden Köpfen des Spartakusbundes Karl Liebknecht, Rosa Luxemburg, Leo Jogiches, August Thalheimer und Paul Levi. Mit ihnen diskutierte er über die Praxis des von den Bolschewiki in Russland ausgeübten Terrors, den er verteidigte – und vor allem über die Gründung einer neuen revolutionären, kommunistischen Partei in Deutschland. Während Radek für eine Kaderpartei im Sinne Lenins plädierte und dafür die Zustimmung von Liebknecht und Levi erhielt, waren Luxemburg und Jogiches skeptisch. Entschieden werden sollte diese Frage während der Reichskonferenz des Spartakusbundes Ende Dezember in Berlin. Zuvor traf sich der Emissär der Bolschewiki mit dem Führer der IKD, Johann Knief, und nahm zusammen mit Leo Jogiches an deren Reichskonferenz am 24. Dezember 1918 teil.

Radeks Rede bei der Reichskonferenz des Spartakusbundes sorgte in den Presseberichten für großes Aufsehen – und auch die Behörden wurden nun auf den russischen Revolutionär aufmerksam: Graf Brockdorff-Rantzau, Staatssekretär im Auswärtigen Amt, beantragte am 31. Dezember 1918 beim Rat der Volksbeauftragten die Ausweisung Radeks, da dieser die Auslösung eines Bürgerkriegs plane. Der Abgesand-

Karl Radek (links) traf im Dezember 1918 als Emissär der russischen Bolschewiki in Berlin ein und beteiligte sich hier an der Gründung der KPD.

te Lenins tauchte in der Paulsborner Straße 93 unter, wo die *Rote Fahne* eine Wohnung unterhielt. Hier wurde er am 12. Februar 1919 verhaftet und Oberst Wilhelm Reinhard unterstellt. Dieser ließ ihn in das Zellengefängnis Moabit an der Lehrter Straße verbringen. Zunächst hatte Radek Angst, dass ihn das gleiche Schicksal wie einen Monat zuvor Rosa Luxemburg und Karl Liebknecht ereilen würde. Doch er wurde in Moabit schnell zu einem privilegierten Gefangenen. Bis zu seiner Entlassung im Januar 1920 gelang es ihm, im Gefängnis einen politischen Salon einzurichten, zu dessen Besuchern auch Walther Rathenau, Präsident der AEG und späterer Reichsaußenminister, zählte. Karl Radek kehrte nach Russland zurück und fiel 1939 dem stalinistischen Terror zum Opfer.

Wohnhaus, Paulsborner Straße 93, 10709 Berlin

»NICHT SCHIESSEN, ES WIRD VERHANDELT!«

KOMMANDANTENHAUS

Kurz vor Weihnachten kam es im Kommandantenhaus zu einem Konflikt, der schwerwiegende Folgen für den Fortgang der deutschen Revolution haben sollte: Angehörige der Volksmarinedivision verhafteten unter Führung von Heinrich Dorrenbach den Berliner Stadtkommandanten Otto Wels. Hintergrund war eine Auseinandersetzung mit dem Rat der Volksbeauftragten. Nach der Novemberrevolution war die 3.200 Mann starke Volsmarinidivision in Marstall und Schloss einquartiert worden und stellte unter anderem die Wache vor der Reichskanzlei. Im Dezember sank ihre Stärke auf etwa 1.800 Mann.

Am 12. Dezember bot ein Schreiben des preußischen Finanzministeriums den formalen Anlass für die Auseinandersetzungen zwischen der Volksmarinedivision und anderen Reichsbehörden: Die Matrosen wurden bezichtigt, für Missstände wie Plünderungen im Schloss verantwortlich zu sein. Daraufhin wurde mit Vertretern der Volksmarinedivision vereinbart, dass ihre Zahl auf 600 Matrosen reduziert und sie in die RSW überführt werden sollte. Außerdem verpflichtete sich die Truppe, das Schloss sofort zu räumen. Doch diese Abmachung mit der Stadtkommandantur wurde nicht eingehalten, weshalb der Rat der Volksbeauftragten den einstimmigen Beschluss fasste, die nächste Löhnung für die Volksmarinedivision erst nach der Räumung des Schlosses und der Abgabe der Schlüssel an die Kommandantur auszuzahlen. Zwar händigte Dorrenbach am Nachmittag des 23. Dezember an den Volksbeauftragten Barth tatsächlich eine Kiste mit Schlüsseln aus. Doch Wels bestand auf der Räumung des Schlosses. So zog Dorrenbach mit bewaffneten Matrosen zur Reichskanzlei, setzte die Regierung unter Hausarrest und sperrte die Telefonzentrale.

Das Kommandantenhaus (zweites Gebäude von rechts) war nach der November-revolution 1918 Sitz des Berliner Stadtkommandanten Otto Wels.

Den Matrosen war allerdings nicht die geheime Leitung Eberts zur OHL in Kassel bekannt, worüber der Volksbeauftragte Unterstützung für die Regierung anforderte. Daraufhin erging von der OHL an das Generalkommando Lequis der Befehl, die Volksmarinedivision zu entwaffnen. Währenddessen traf Dorrenbach mit einem Trupp Matrosen in der Kommandantur ein. Dabei wurden die Matrosen von einem Panzerauto aus beschossen. Wels eilte auf den Balkon und schrie »Nicht schießen, es wird verhandelt!« Doch zwei Matrosen waren bereits tödlich getroffen. Über den Tod ihrer Kameraden aufgebracht, nahmen Dorrenbachs Männer kurzerhand Wels sowie dessen Mitarbeiter Anton Fischer und Dr. Bongard gefangen und verschleppten sie in den Marstall.

Kommandantenhaus, Unter den Linden 1, 10117 Berlin

»WEIHNACHTSKRISE«

NEUER MARSTALL

Die Mitarbeiter von Otto Wels, Anton Fischer und Dr. Bongard, wurden noch in der Nacht zu Weihnachten wieder freigelassen. Der Stadtkommandant hingegen blieb weiterhin in Gefangenschaft und wurde mehrfach mit Erschießung bedroht. Wels war nach dem Blutbad in der Chausseestraße am 6. Dezember von der radikalen Linken massiv angefeindet worden. Anhänger des Spartakusbundes warfen dem Stadtkommandanten vor, für die Eskalation der Gewalt verantwortlich zu sein. So ließ Karl Liebknecht den Leichenzug der Opfer von der Chausseestraße am 8. Dezember auf seinem Weg zum Friedhof der Märzgefallenen vor der Stadtkommandantur halten und forderte die Teilnehmer des Trauerzuges dazu auf, den »Bluthund Wels« herauszuholen.

Nun musste der Kommandant der Volksmarinedivision, Fritz Radtke, in der Nacht zum 24. Dezember vom Marstall aus der Reichskanzlei mitteilen, dass er für das Leben von Wels nicht mehr garantieren könne. Daraufhin erteilten die drei anwesenden Volksbeauftragten der SPD – Ebert, Scheidemann und Landsberg – Kriegsminister Heinrich Schëuch den Befehl, das Generalkommando Lequis zur Befreiung des Stadtkommandanten einzusetzen. Noch in der Nacht rückten ca. 1.200 Infanteristen mit Feldbatterien gegen Schloss und Marstall vor und begannen in den Morgenstunden mit dem Beschuss. Zwar gelang es Lequis zunächst, das Schloss einzunehmen. Doch im Verlauf des Vormittags erhielt die belagerte Volksmarinedivision Unterstützung durch Einheiten der Sicherheitswehr des Polizeipräsidenten Emil Eichhorn, bewaffnete Arbeiter sowie Demonstranten, darunter Frauen und Kinder. Das Blatt wendete sich – die Volksmarinedivision eroberte das Schloss zurück und Friedrich Ebert gab gegen Mittag den Befehl

Revolutionäre Matrosen im November 1918 am Eingang zum Marstall, dem Sitz der Volksmarinedivision.

zur Einstellung der Kämpfe. Otto Wels war inzwischen während einer Kampfpause von Soldatenräten der RSW aus dem Marstall geholt worden und kurze Zeit später in der Reichskanzlei eingetroffen. Philipp Scheidemann beschrieb seinen Zustand: »Das Gesicht war grau und faltig, die Augen, die den Tod geschaut hatten, waren hohl. Er konnte sich offenbar kaum auf den Beinen halten.« Insgesamt waren den Kampfhandlungen 56 Gardesoldaten und elf Matrosen zum Opfer gefallen. Die radikale Linke machte die drei SPD-Volksbeauftragten für die Kämpfe verantwortlich. Als Folge dieser »Weihnachtskrise« kam es zum Bruch der Koalition – Hugo Haase, Wilhelm Dittmann und Emil Barth erklärten am 29. Dezember ihren Austritt aus der Regierung. Einen Tag zuvor hatte der Rat der Volksbeauftragten das Rücktrittsgesuch von Otto Wels als Stadtkommandant angenommen.

Neuer Marstall, Schlossplatz 7, 10178 Berlin

»DREI MÖRDER DER MATROSEN KLAGEN WIR AN: EBERT, LANDSBERG UND SCHEIDEMANN«

FRIEDHOF DER MÄRZGEFALLENEN

Die Bestattung der während der Weihnachtskrise getöteten Matrosen fand am Sonntag, den 29. Dezember 1918 statt. USPD und Spartakusbund hatten deshalb ihre Anhänger auf die Straßen gerufen. Auch die SPD und die DDP führten Demonstrationen durch, sodass an diesem Tag mehrere Hunderttausend Menschen in Berlin Flagge zeigten. Allein an den Veranstaltungen der Sozialdemokraten nahmen wohl über 400.000 Demonstranten teil. Von diesen wurde der Austritt der Unabhängigen aus dem Rat der Volksbeauftragten, als dieser im Verlauf des Tages bekannt wurde, mehrheitlich begrüßt. Redner der SPD wandten sich vor allem gegen den Spartakusbund:»Wenn Liebknechts Deserteure noch nicht genügend geschossen haben, so rufen wir ihnen von heute ab ein energisches Halt zu. Wir dulden keinen Brüderkrieg mehr. Das freie Wahlrecht ist das Zeichen, in dem wir siegen werden.« In ihrer Gegnerschaft zum Spartakusbund waren die Sozialdemokraten vereint mit den Anhängern der DDP. Diese versammelte etwa 80.000 bis 100.000 Menschen vor dem Standbild Moltkes im Tiergarten. Neben dem Vorsitzenden Friedrich Naumann hielt Bernhard Dernburg eine Rede und erklärte:»Wir dürfen es nicht länger dulden, dass von zweitausend Spartakisten ganz Berlin terrorisiert wird.«

Die Särge der getöteten Matrosen waren vor der Terrasse des Schlosses zum Lustgarten hin aufgebahrt. Hier versammelten sich Anhänger der USPD, während sich die Unterstützer des Spartakusbundes unweit davon aufstellten. Für die Volksmarinedivision forderte Otto Tost in seiner Rede die Einigung der Arbeiterklasse, Georg Ledebour rief die Anwesenden zu einem Eid auf die Revolution auf. Anschließend begab sich ein Trauerzug von etwa 20.000 Menschen unter den Klängen

Bestattung der Revolutionsopfer

Beisetzung der während der »Weihnachtskrise« getöteten Matrosen am 29. Dezember 1918 auf dem Friedhof der Märzgefallenen in Friedrichshain.

von Chopins Trauermarsch in Richtung Friedrichshain. Drei mit roten Wimpeln ausgestattete Doppeldecker begleiteten den Zug. Teilnehmer skandierten Parolen gegen die sozialdemokratischen Volksbeauftragten und trugen Schilder mit der Aufschrift »Drei Mörder der Matrosen klagen wir an: Ebert, Landsberg und Scheidemann«. Auf dem Friedhof der Märzgefallenen wurden die getöteten Matrosen neben den Opfern der Auseinandersetzungen vom 8. November und 6. Dezember beigesetzt. Emil Barth und Karl Liebknecht hielten dabei die Trauerreden. Liebknecht forderte die Anwesenden dazu auf, »nicht zu rasten und zu ruhen, bis die fluchwürdige Ebert-Regierung am Boden liege«. Vor dem Eingang des Friedhofs der Märzgefallenen befindet sich heute die Skulptur »Roter Matrose« von Hans Kies.

Friedhof der Märzgefallenen, Ernst-Zinna-Weg, 10249 Berlin

»DER TRIUMPH EINES ETWAS KINDISCHEN, UNAUSGEGORENEN, GRAD-LINIGEN RADIKALISMUS«

PREUSSISCHES ABGEORDNETENHAUS

Vom 30. Dezember 1918 bis 1. Januar 1919 fand im Festsaal des Preu-ßischen Landtags eine Reichskonferenz des Spartakusbundes statt, die dann zum Gründungsparteitag der Kommunistischen Partei Deutsch-lands erklärt wurde. Vorausgegangen waren dieser Konferenz Diskus-sionen innerhalb des Spartakusbundes, ob man nicht weiterhin unter dem »schützenden Dach« der USPD agieren sollte. Diese Position ver-traten noch bis Mitte Dezember 1918 Rosa Luxemburg und Leo Jogi-ches. Da die Leitung der USPD jedoch nicht bereit war, einen Partei-tag zur Klärung politischer Probleme innerhalb der radikalen Linken durchzuführen, war Luxemburg schließlich mit der Bildung einer neu-en Partei einverstanden.

An der Konferenz nahmen insgesamt 127 Delegierte aus 56 Orten des Reiches teil. Begeistert begrüßt und gefeiert wurde Karl Radek, der mit Ernst Reuter und Werner Rakow als Vertreter der russischen Sowjetrepublik dabei war. Die Delegierten wussten um Radeks erfolg-reiche Bemühungen der Vereinigung der IKD und des Spartakusbun-des, die mit der Gründung der KPD erfolgen sollte. Insgesamt war der Parteitag von einer enthusiastisch-revolutionären Stimmung geprägt. Dies wurde für die Führung der Partei um Rosa Luxemburg, Karl Lieb-knecht, Paul Levi, Käte Duncker und Fritz Heckert zum Problem, als es um die Beteiligung der KPD an der Wahl zur Deutschen Nationalver-sammlung am 19. Januar 1919 ging: Während die Parteispitze für die Teilnahme eintrat, wandten sich viele Delegierte aus einer radikalen Position heraus gegen die Beteiligung an den Wahlen. So erklärte etwa der Delegierte Gelwitzki im Namen einiger Berliner Bezirksversamm-lungen, dass deren Mitglieder stattdessen »auf der Straße, wenn es

Während der Reichskonferenz des Spartakusbundes wurde im Festsaal des Preußischen Abgeordnetenhauses die KPD gegründet.

sein muss, mit Blut die Macht erkämpfen« wollten »zur Erreichung der Weltrevolution«. Rosa Luxemburg wandte gegen diesen »revolutionären Elan« ein, die Delegierten wollten sich ihren »Radikalismus ein bisschen bequem und rasch machen« – vergeblich: Der Antrag von Otto Rühle gegen die Beteiligung an den Wahlen fand eine breite Mehrheit. An Clara Zetkin schrieb Rosa Luxemburg nach dem Parteitag: »Unsere Niederlage war nur der Triumpf eines etwas kindischen, unausgegorenen, gradlinigen Radikalismus. Vergiss nicht, dass die ›Spartakisten‹ zu einem großen Teil eine frische Generation sind, frei von den verblödenden Traditionen der ›alten bewährten‹ Partei – und das muss mit Licht- und Schattenseiten genommen werden.«

Preußisches Abgeordnetenhaus / Abgeordnetenhaus von Berlin, Niederkirchnerstraße 5, 10117 Berlin

»WAS LEHRTE DIE DEMONSTRATION?«

POLIZEIPRÄSIDIUM

Der Konflikt zwischen der sozialdemokratischen Regierung und der radikalen Linken führte im Januar 1919 zu blutigen Auseinandersetzungen. Den äußeren Anlass dazu gab die Absetzung des Polizeipräsidenten Emil Eichhorn (USPD) durch den preußischen Innenminister Paul Hirsch (SPD) am 4. Januar. Eichhorn war aus sozialdemokratischer Perspektive in Misskredit geraten, weil die ihm unterstellte Sicherheitswehr während der Weihnachtskämpfe aufseiten der Volksmarinedivision eingegriffen hatte. Die Ablösung Eichhorns traf auf den Widerstand der USPD und der revolutionären Obleute. Auf einer gemeinsamen Sitzung am Abend, an der auch Karl Liebknecht und Wilhelm Pieck teilnahmen, wurde für den nächsten Tag, einen Sonntag, die Durchführung einer Demonstration gegen Eichhorns Entlassung beschlossen.

Zur Überraschung der Führungskader von USPD, revolutionären Obleuten und KPD folgten am 5. Januar mehr als 100.000 Menschen ihrem Aufruf und demonstrierten vor dem Polizeipräsidium am Alexanderplatz ihre Solidarität mit Eichhorn – und im Verlauf des Tages entglitt die Situation den revolutionären Führern: Bewaffnete Arbeiter besetzten Bahnhöfe, die Pressehäuser von Büxenstein, Mosse, Scherl und Ullstein sowie das Wolff'sche Telegraphen-Bureau und drangen in das Redaktionsgebäude des sozialdemokratischen *Vorwärts* ein. Wie sollte mit der Situation umgegangen werden? Am Abend des 5. Januar kamen etwa 90 Anhänger der radikalen Linken im Polizeipräsidium zusammen. In dieser Sitzung wurde mit übergroßer Mehrheit beschlossen, für den 6. Januar zum Generalstreik und zum Sturz der sozialdemokratischen Regierung aufzurufen. Richard Müller, der den

Arbeiter und Soldaten demonstrieren am 5. Januar 1919 vor dem Polizeipräsidium (rechts) auf dem Alexanderplatz gegen die Absetzung des Polizeipräsidenten Emil Eichhorn.

revolutionären Prozess von Anbeginn tatkräftig unterstützt hatte, war gegen den Aufruf und stellte im Rückblick auf den 5. Januar fest: »Was lehrte die Demonstration? Gewiss demonstrierten Hunderttausende. Sie gingen aber ruhig wieder nach Hause und nur ein lächerlicher Bruchteil, einige Hundert, beteiligten sich an der Besetzung der Zeitungsbetriebe. Das war wirklich kein Zeichen für die politische Reife und den bewussten und klaren Willen der Massen zur Übernahme der politischen Macht.« Doch Müller blieb mit Ernst Däumig und vier weiteren Männern in der Minderheit. Ein Revolutionsausschuss wurde gebildet, dem Georg Ledebour für die USPD, Paul Scholze für die revolutionären Obleute und Karl Liebknecht für die KPD vorstanden und der die anstehenden Kämpfe leiten sollte.

Polizeipräsidium / Einkaufszentrum Alexa, Grunerstraße 20, 10179 Berlin

»DIESER PUTSCH DURFTE NIE ANGEFANGEN WERDEN«

BÖTZOW-BRAUEREI

Am 6. Januar 1919 erschienen wieder Massen von Arbeitern auf den Straßen zwischen Siegessäule und Alexanderplatz. Doch die Führung des Aufstandes trat nicht in Erscheinung. Auch die Volksmarinedivision verhielt sich neutral. Liebknechts Versuche, sie für den Aufstand zu gewinnen, blieben erfolglos. Er wurde aus dem Marstall ausgewiesen. Daraufhin zog sich Karl Liebknecht mit anderen Revolutionären in die Bötzow-Brauerei am Prenzlauer Berg zurück, wo er vom 6. auf den 7. Januar auch übernachtete. Der KPD-Aktivist war offensichtlich mit der Situation auf den Berliner Straßen, die er selbst mit hervorgerufen hatte, überfordert. Einen entsprechenden Eindruck schilderte Curt Geyer (USPD), der als Mitglied des Leipziger Arbeiter- und Soldatenrates mit einem requirierten Flugzeug nach Berlin geschickt worden war, um in Erfahrung zu bringen, was hier vor sich ging und um den Aufständischen eventuell militärische Unterstützung durch Leipziger Garnisonstruppen anzubieten. In Berlin fuhr Geyer zunächst zum Parteivorstand der USPD am Schiffbauerdamm und besprach sich mit Luise Zietz. Daraufhin besuchte der Abgesandte aus Leipzig die Redaktion der USPD-Zeitung *Freiheit*. Dort erklärte man ihm:»Dieser Putsch durfte nie angefangen werden.« Bei seinem anschließenden Treffen mit Emil Eichhorn im Polizeipräsidium schilderte ihm dieser, er habe vergeblich versucht, mit Liebknecht in Kontakt zu treten, um seine militärischen Absichten zu erfahren. Doch die zur Bötzow-Brauerei entsandten Kuriere hätten ihm keine Antwort übermittelt. Deshalb bat Eichhorn den Vertreter des Leipziger Arbeiter- und Soldatenrates, zu Liebknecht zu fahren und ihm seine Fragen nach dessen Absichten zu vermitteln. Geyer fuhr mit der Straßenbahn zur Bötzow-Brauerei und

Gedenkstein auf dem ehemaligen Gelände der Bötzow-Brauerei, die während der Januarkämpfe 1919 Karl Liebknecht als Quartier diente.

fand dort in einem Saal Liebknecht zwischen Maschinengewehren auf- und abgehend vor. Der KPD-Aktivist reagierte unwirsch und konfus auf Geyers Bericht über die Lage in Leipzig. Die von Eichhorn übermittelte Botschaft nahm er nicht wahr. Geyer zog nach dieser Begegnung den Schluss: »Ich war tief erschüttert. Für mich war diese Szene der Kulminationspunkt des erratischen Benehmens Karl Liebknechts seit dem Beginn der Revolution, und ich zweifelte an seinem Verstand; denn das war mehr als reine Verzweiflung angesichts der kommenden Niederlage.« Auf weiten Umwegen fuhr Curt Geyer nach Leipzig zurück. An der Stelle des einstigen Gartenlokals der Bötzow-Brauerei befindet sich heute ein Gedenkstein für Karl Liebknecht.

Bötzow-Brauerei / Gedenkstein Saarbrücker Straße,
Ecke Prenzlauer Allee, 10405 Berlin

»EINER MUSS DER BLUTHUND WERDEN, ICH ABER SCHEUE DIE VERANTWORTUNG NICHT!«

VORWÄRTS-GEBÄUDE

Nachdem Aufständische das Gebäude des sozialdemokratischen *Vorwärts* am 5. Januar besetzt hatten, hieß es am nächsten Tag in einer nur zweiseitigen Ausgabe:»Das Schand- und Lügenblatt der Gegenrevolution, das Blatt der Ebert – Scheidemann, Wels – Stampfer, das Organ aller Verräter und Todfeinde der Arbeiterklasse, wird in proletarischen Fäusten gezwungen werden, wieder ehrlich zu werden!« Anhänger der radikalen Linken hielten nun das Zeitungsviertel, einige Bahnhöfe sowie das Polizeipräsidium und andere Amtsgebäude besetzt. Über Rudolf Breitscheid, Wilhelm Dittmann und Karl Kautsky von der USPD-Führung versuchte der Revolutionsausschuss Kontakt zur Regierung aufzunehmen, was über das Zentralratsmitglied Max Cohen auch gelang. Doch für den Rat der Volksbeauftragten kamen Verhandlungen erst infrage, wenn die Pressefreiheit wiederhergestellt würde. Hierauf ließen sich die Besetzer des *Vorwärts* nicht ein.

Inzwischen war Gustav Noske zum Oberbefehlshaber der Regierungstruppen ernannt worden – eine Herausforderung, die er mit den Worten angenommen hatte:»Meinetwegen! Einer muss der Bluthund werden, ich aber scheue die Verantwortung nicht!« Von seinem Hauptquartier im Luisenstift in Dahlem aus formierte er Freikorpseinheiten, die aufseiten der Regierung bei den Auseinandersetzungen mit den Aufständischen eingreifen sollten. Die Positionen der Regierung und der Aufständischen waren inzwischen so verhärtet, dass eine gewaltsame Entscheidung unausweichlich schien. So erklärte der Rat der Volksbeauftragten am 8. Januar:»Gewalt kann nur mit Gewalt bekämpft werden. Die Stunde der Abrechnung naht!« Die revolutionären Obleute, USPD und KPD wetterten ihrerseits am 9. Januar in einem

Passanten vor dem »Vorwärts«-Gebäude, das während der Januarkämpfe 1919 durch Artilleriebeschuss schwer beschädigt wurde.

Flugblatt gegen die »Judasse in der Regierung« und verkündeten: »An jeden Proletarier, an jeden revolutionären Soldaten ergeht der Donnerruf des unerbittlichen Geschicks: Auf zum letzten, zum entscheidenden Kampf! Bewaffnet Euch! Gebraucht die Waffen gegen Eure Todfeinde, die Ebert – Scheidemann!« Schließlich ging das Regiment Potsdam, ein von Major Franz von Stephani zusammengestelltes Freikorps, am Morgen des 11. Januar gegen die Besetzer des *Vorwärts*-Gebäudes vor. Diese schickten nach mehrstündigem, heftigem Beschuss fünf Parlamentäre, die über den Abzug verhandeln sollten. Doch wurden die Unterhändler sofort verhaftet und in die nahe gelegene Garde-Dragoner-Kaserne gebracht. An der Stelle des ehemaligen *Vorwärts*-Gebäudes befinden sich heute drei Informationsstelen.

Vorwärts-Gebäude / Gedenktafeln, Lindenstraße,
Ecke Franz-Klühs-Straße, 10969 Berlin

»SIEHST, PULVER IST ZU SCHADE FÜR DICH«

GARDE-DRAGONER-KASERNE

In der Garde-Dragoner-Kaserne erwartete die fünf Unterhändler sowie zwei ebenfalls gefangengenommene Kuriere der Aufständischen Fürchterliches: Eine wütende Soldateska misshandelte die Gefangenen auf grausame Weise, bevor sie schließlich erschossen wurden. Wer die brutalen Morde an Wolfgang Fernbach (Redakteur), Karl Grubusch (Mechaniker), Walter Heise (Schmied), Erich Kluge (Kutscher), Werner Möller (Klempner), Arthur Schöttler (Werkzeugmacher) und Paul Wackermann (Schlosser) beging, wurde nie aufgeklärt.

Zeitgleich mit den brutalen Übergriffen in der Dragoner-Kaserne gab es Schusswechsel beim *Vorwärts*-Gebäude. Die letzten 200 bis 300 Rebellen, darunter 15 bis 20 Frauen, gaben schließlich auf. Sie wurden ebenfalls auf das Gelände der Dragoner-Kaserne geführt. Wie aggressiv die Stimmung unter den siegreichen Regierungssoldaten war, macht folgende Szene deutlich: Als ein Offizier der Regierungstruppen, der von den *Vorwärts*-Besetzern als Geisel gefangen gehalten worden war, sich bei einigen der Aufständischen für die anständige Behandlung während seiner Geiselhaft bedankte, indem er ihnen die Hände schüttelte, wurde er von seinen eigenen Kameraden zusammengeschlagen.

In der Garde-Dragoner-Kaserne verhinderte wohl die Anwesenheit des *Vorwärts*-Redakteurs Friedrich Stampfer, dass es zu weiteren Gewaltexzessen der Regierungstruppen kam: Besondere Aggressionen bei den Soldaten riefen weibliche Aufständische hervor, die als »Flintenweiber« bezeichnet wurden. Eine der Gefangenen war Hilde Steinbrink. Sie hatte sich im Keller des *Vorwärts*-Gebäudes um Verwundete gekümmert. Bei ihrer Verhaftung wurde sie misshandelt und in der Dragoner-Kaserne wäre ihr fast noch Schlimmeres widerfahren:»Man

In der ehemaligen Garde-Dragoner-Kaserne in Kreuzberg kam es während der Januarkämpfe 1919 zu einem grausamen Massaker durch Freikorpssoldaten.

holte mich heraus, die Soldaten nahmen mich in Empfang und unter Stoßen und Schlagen wurde ich an die Wand gestellt. Ich sagte keinen Ton, weil mir alles piepe war in dem Augenblick. In demselben Augenblick war der Lauf herunter. Sie stürzten sich sämtlich auf mich und riefen: ›Siehst, Pulver ist zu schade für dich, wir werden dich aufreißen und dich teilen, damit jeder ein Stück von dir hat.‹« In diesem Moment griff Major von Stephani wohl aus Rücksicht auf die Gegenwart von Friedrich Stampfer ein und ließ keine weiteren Übergriffe zu. Nach der Stürmung des *Vorwärts*-Gebäudes am 11. Januar konnten die von Noske aufgestellten Truppen auch die übrigen von Aufständischen besetzten Gebäude zurückerobern.

Garde-Dragoner-Kaserne / Finanzamt Friedrichshain-Kreuzberg, Mehringdamm 22, 10961 Berlin

»ANTIBOLSCHEWISTEN-FONDS«

FLUGVERBANDSHAUS

Während der Januarkämpfe kam es zu einem folgenschweren Treffen bedeutender Bankiers und Industrieller im Flugverbandshaus: Der Direktor der Deutschen Bank, Paul Mankiewitz, hatte zu einem Vortrag von Eduard Stadtler über *Bolschewismus als Weltgefahr* eingeladen. Anwesend waren unter anderen Ernst von Borsig (Borsigwerke), Geheimrat Felix Deutsch (AEG), Otto Henrich (Siemens-Schuckertwerke), Jakob Wilhelm Reichert (Verein Deutscher Eisen- und Stahlindustrieller), Arthur Salomonsohn (Disconto-Gesellschaft), Carl Friedrich von Siemens (Siemens-Schuckertwerke), Hugo Stinnes (Hugo Stinnes GmbH) und Albert Vögler (Deutsch-Luxemburgische Bergwerks- und Hütten-AG).

Der Referent des Treffens im Flugverbandshaus am 10. Januar 1919, Eduard Stadtler, war nach seiner russischen Kriegsgefangenschaft zum glühenden Gegner des Bolschewismus geworden. Bereits Ende November 1918 konnte er durch Vermittlung des Bankiers Karl Helfferich von der Deutschen Bank 5.000 Mark sowie vom Vorsitzenden der gerade gegründeten DDP, Friedrich Naumann, 3.000 Mark zur Gründung eines »Generalsekretariats zum Studium und zur Bekämpfung des Bolschewismus« beschaffen. Daraufhin erschien Anfang Dezember 1918 auf den Berliner Anschlagsäulen ein Plakat: »Arbeiter, Bürger! Das Vaterland ist dem Untergang nahe. Rettet es! Es wird nicht von außen bedroht, sondern von innen: Von der Spartakusgruppe. Schlagt ihre Führer tot! Tötet Liebknecht! Dann werdet ihr Frieden, Freiheit und Brot haben.« Der Text wurde zugleich auf Hunderttausenden von Flugzetteln verteilt. Angefertigt und verbreitet worden war dieser Aufruf zum Mord jedoch nicht von »Frontsoldaten«, wie im Text gezeichnet,

Im Berliner Flugverbandshaus gründeten im Januar 1919 Vertreter der Großindustrie und des Finanzkapitals den »Antibolschewistenfonds«.

sondern von Stadtlers »Antibolschewistischer Liga«. Im Anschluss an Stadtlers Rede vor den Vertretern der deutschen Wirtschaft trat Hugo Stinnes für die Einrichtung eines Fonds über 500 Millionen Mark ein. Dieser »Antibolschewistenfonds« wurde noch am gleichen Tag gebilligt und, so Stadtler, »auf dem Wege einer freiwilligen Selbstbesteuerung durch die Industrie-, Handels- und Bankorganisationen auf die gesamten deutschen Unternehmungen umgelegt«. Über den Fonds konnten in der Folgezeit »antibolschewistische« Versammlungen und Publikationen, die Aufstellung von Freikorps, studentischen Freiwilligenverbänden und Bürgerwehren finanziert werden. Stadtler selbst wurde am 12. Januar 1919 bei Waldemar Pabst im Eden-Hotel vorstellig, um ihn darauf hinzuweisen, welch »eminente Gefahr« von Rosa Luxemburg, Karl Radek und Karl Liebknecht ausgehe.

Flugverbandshaus / Wohnhaus, Schöneberger Ufer 75, 10785 Berlin

»TROTZ ALLEDEM!«

LETZTE ZUFLUCHT VON ROSA LUXEMBURG
UND KARL LIEBKNECHT

Nach den Januarkämpfen 1919 mussten die bekanntesten Köpfe der gerade gegründeten KPD um ihr Leben fürchten: Rosa Luxemburg und Karl Liebknecht wurden von großen Teilen der Presse für die bewaffneten Auseinandersetzungen in Berlin maßgeblich verantwortlich gemacht. Ihnen wurde unterstellt, in Deutschland einen Putsch nach bolschewistischem Vorbild herbeiführen zu wollen. Auf Befehl von Gustav Noske ließ der Angehörige der GKSD, Leutnant Friedrich Wilhelm von Oertzen, das Telefon und die Post von Liebknecht überwachen. Liebknecht war zuletzt am 10. Januar 1919 mit der U-Bahn zu Versammlungen gefahren. Danach musste er sich zusammen mit Rosa Luxemburg bei Unterstützern versteckt halten, um einer Gefangennahme durch Freikorpssoldaten zu entgehen.

Am 13. Januar verließen Luxemburg und Liebknecht ihr Quartier in einer Neuköllner Arbeiterwohnung und fanden bei der Familie Marcusson in der Mannheimer Straße in Wilmersdorf ihre letzte Zuflucht. Hier verfassten die beiden Herausgeber der *Roten Fahne* ihre letzten Artikel. In Karl Liebknechts am 15. Januar 1919 erschienenen Aufsatz heißt es – angesichts seiner Ermordung am selben Tag – fast schon prophetisch:»Und ob wir dann noch leben werden, wenn es erreicht wird – leben wird unser Programm; es wird die Welt der erlösten Menschheit beherrschen. Trotz alledem!« Auch die Überschrift dieser letzten Schrift Liebknechts trug den Titel »Trotz alledem!« Liebknecht nahm damit Bezug auf ein gleichnamiges Gedicht von Ferdinand Freiligrath, das dieser im Kontext der Revolution von 1848 verfasst hatte.

Am 15. Januar 1919 kurz nach 20 Uhr drangen fünf Männer in die Wohnung von Siegfried Marcusson ein. Sie gaben sich als »Wilmers-

Eine Wohnung in der Mannheimer Straße diente Rosa Luxemburg und Karl Liebknecht nach den Januarkämpfen 1919 als letzte Zuflucht.

dorfer Bürgerwehr« aus. Karl Liebknecht konnten sie aufgrund von Papieren, die er bei sich trug, identifizieren. Rosa Luxemburg gab auf Nachfrage zu die Gesuchte zu sein. Gegen 21 Uhr traf noch Wilhelm Pieck in der Wohnung ein. Nachdem die Angehörigen der Bürgerwehr zunächst in der Reichskanzlei angerufen hatten, von dort aber keine weiteren Anweisungen erhielten, wandten sie sich an die GKSD. Waldemar Pabst ließ die drei gesuchten Revolutionäre auf getrennten Wegen zu sich in sein Hauptquartier im Eden-Hotel bringen. Auf der Verkehrsinsel an der Ecke Bundesallee und Spichernstraße, die auf dem Weg von der Mannheimer Straße zum ehemaligen Eden-Hotel liegt, erinnert heute die Eisenplastik »Von der dicken Berta zur roten Rosa« des Bildhauers Igael Tumarkin an diese Verschleppung. Im Gehweg vor ihrer letzten Zuflucht in der Mannheimer Straße ist eine Gedenkplatte eingelassen.

Wohnhaus, Mannheimer Straße 27, 10713 Berlin

»IM FALLE LIEBKNECHT-LUXEMBURG – AUSNAHMS-WEISE – ABZUWEICHEN VON DEM GESETZLICHEN WEG«

EDEN-HOTEL

Am Abend des 15. Januar 1919 gegen halb zehn wurden Rosa Luxemburg, Karl Liebknecht und Wilhelm Pieck von ihren Entführern in das Eden-Hotel gebracht. Hier hatte Waldemar Pabst das Stabsquartier der GKSD eingerichtet. Der Hauptmann telefonierte mit Gustav Noske, um sich zu erkundigen, wie man mit den besonderen Gefangenen zu verfahren habe. Der Volksbeauftragte erklärte ausweichend, Pabst müsse »selbst verantworten, was zu tun sei«. Dass er damit für die Soldateska um Pabst den Weg zur Ermordung von Luxemburg und Liebknecht freimachte, war Noske sicherlich bewusst.

Pabst führte zunächst mit Liebknecht ein kurzes Gespräch. Währenddessen las Rosa Luxemburg schwer bewacht in Goethes »Faust«. Sie hatte sich angesichts ihrer Routine mit Verhaftungen die Lektüre aus der Mannheimer Straße mitgenommen, um sie bei einem etwaigen Gefängnisaufenthalt zur Hand zu haben. Auch mit Luxemburg führte Pabst ein kurzes Gespräch. Anschließend beriet er sich mit den Offizieren Horst von Pflugk-Harttung, Heinz von Pflugk-Harttung, Ulrich von Ritgen, Heinrich Stiege, Bruno Schulze, Hermann Wilhelm Souchon und Hans Rühle von Lilienstern, was mit den Gefangenen geschehen sollte. Für Pabst war klar: Luxemburg und Liebknecht waren zu »beseitigen«. In seinen Lebenserinnerungen hielt er fest, dass polizeiliche Gründe es erforderlich gemacht hätten, »im Falle Liebknecht-Luxemburg auch – ausnahmsweise – abzuweichen von dem in einem Rechtsstaat notwendigen gesetzlichen Weg«.

Entsprechend wurden zunächst Karl Liebknecht und anschließend Rosa Luxemburg von den Offizieren Heinz und Horst von Pflugk-Harttung und anderen über einen Nebenausgang aus dem Hotel ver-

Im Eden-Hotel hatte Waldemar Pabst den Stab der Garde-Kavallerie-Schützen-Division eingerichtet und die Ermordung von Rosa Luxemburg und Karl Liebknecht angeordnet.

schleppt. Dabei versetzte der Jäger Otto Wilhelm Runge mit seinem Gewehrkolben Liebknecht einen heftigen Schlag. Rosa Luxemburg traf er noch stärker, sodass sie zu Boden sank, wo Runge sie abermals mit dem Kolben schlug. Runge war dafür von dem Offizier Waldemar Petri bestochen worden. Dieser wusste nichts von der Entscheidung von Pabst und den weiteren Offizieren und befürchtete wohl, dass Luxemburg und Liebknecht das Hotel wieder lebend verlassen würden. So bestach er nach den Recherchen Klaus Gietingers den Jäger Runge mit 100 Mark, der die beiden Kommunisten dafür töten sollte. Am einstigen Standort des Eden-Hotels befindet sich eine Gedenktafel.

Eden-Hotel / Gedenktafel, Olof-Palme-Platz, 10787 Berlin

»TÖTET LIEBKNECHT!«

NEUER SEE IM TIERGARTEN

Während Karl Liebknecht und Rosa Luxemburg von der Soldateska der GKSD aus dem Eden-Hotel in Richtung Tiergarten verschleppt wurden, konnte Wilhelm Pieck gegenüber Waldemar Pabst seine Identität verschleiern. Mit einem falschen Pass ausgestattet, gab er sich als Journalist aus. Deshalb wurde er am nächsten Tag in das Polizeipräsidium überführt. Von dort gelang ihm am 17. Januar mithilfe eines Soldaten die Flucht. Der spätere Präsident der DDR konnte untertauchen.

Als Karl Liebknecht durch den Gewehrkolbenschlag des Jägers Runge verletzt und blutend von den Offizieren der GKSD beim Eden-Hotel auf die Pritsche eines Kleintransporters gezerrt worden war, versetzte ihm ein weiterer Offizier einen Faustschlag. Seine blutverschmierte Hand präsentierte der junge Adelige anschließend stolz seinen Kameraden im Eden-Hotel. Die Offiziere unter Waldemar Pabst setzten nun in der Nacht des 15. Januar 1919 um, was bereits Anfang Dezember 1918 auf Plakaten und Flugblättern der »Antibolschewistischen Liga« gefordert worden war: »Arbeiter, Bürger! Das Vaterland ist dem Untergang nahe. Rettet es! Es wird bedroht nicht von außen, sondern von innen: Von der Spartakusgruppe. Schlagt ihre Führer tot! Tötet Liebknecht!«

Kapitänleutnant Horst von Pflugk-Harttung, Hauptmann Heinz von Pflugk-Harttung, die Leutnants Ulrich von Ritgen, Rudolf Liepmann, Heinrich Stiege und Bruno Schulze fuhren mit dem verletzten Liebknecht in den Tiergarten. Angeblich sollte Liebknecht in das Untersuchungsgefängnis in Moabit gebracht werden. Doch die Fahrt ging über die Budapester und Stülerstraße zum Großen Weg im Tiergarten. Beim Neuen See fingierte Horst von Pflugk-Harttung eine Reifenpanne, wie er einen Tag später Marineoffizier Ernst von Weizsäcker

Am Neuen See im Tiergarten befindet sich an der Stelle, wo Karl Liebknecht ermordet wurde, ein Mahnmal.

anvertraute. Anschließend stieg Pflugk-Harttung mit Liebknecht aus dem Wagen, um dem Gefangenen zum Schein die Gelegenheit zu einem Fluchtversuch zu bieten. Klaus Gietinger zufolge schossen Heinz von Pflugk-Harttung, Heinrich Stiege, Ulrich von Ritgen und Rudolf Liepmann sodann hinterrücks auf Karl Liebknecht. Der Leichnam des Revolutionärs wurde wieder ins Auto verfrachtet und gegen 23.15 Uhr bei der Rettungswache gegenüber dem Eden-Hotel abgegeben. Man habe die Leiche eines Unbekannten gefunden. Die Offiziere kehrten in das Eden zurück und meldeten Waldemar Pabst Vollzug, der nun Rosa Luxemburg verschleppen ließ. Am Ort der Ermordung von Karl Liebknecht befindet sich heute ein Mahnmal.

Mahnmal für Karl Liebknecht, Großer Weg am Neuen See, 10787 Berlin

»DIE ALTE SAU SCHWIMMT SCHON«

LANDWEHRKANAL IM TIERGARTEN

Rosa Luxemburg wusste, dass sie sich spätestens nach den Weihnachtskämpfen 1918 in permanenter Lebensgefahr befand. Das hielt sie nicht davon ab, ihren revolutionären Aktivitäten in Berlin weiter nachzugehen. In einem Brief an ihre Freundin und Genossin Clara Zetkin schrieb Luxemburg über ihren Tagesauflauf:»Dazu fast jeden Tag vom frühen Morgen Konferenzen und Besprechungen, dazwischen noch Versammlungen, und zur Abwechslung alle paar Tage die dringende Warnung von ›amtlichen Stellen‹, dass Karl und mir von Mordbuben aufgelauert wird, so dass wir nicht zu Hause schlafen sollen, sondern jede Nacht anderswo Obdach suchen müssen.« In der Nacht des 15. Januar 1919 wurde Rosa Luxemburg im Anschluss an die Ermordung Karl Liebknechts von Soldaten der GKSD aus dem Eden-Hotel verschleppt. Durch die Gewehrkolbenschläge des Jägers Runge bereits ohnmächtig, zerrte sie Pabsts Soldateska in ein Auto. Dort schoss ihr Leutnant Hermann Souchon eine Kugel in den Kopf. Den leblosen Körper der Revolutionärin warfen die Soldaten unweit des Eden-Hotels in den Landwehrkanal. Zurück im Hotel brüsteten sich die Offiziere ihrer Tat und verkündeten:»Die alte Sau schwimmt schon.« Rosa Luxemburgs Leiche wurde erst am 31. Mai 1919 an der Unteren Freiarchenbrücke gefunden.

Waldemar Pabst versuchte zunächst, die Morde zu vertuschen: Liebknecht sei auf der Flucht erschossen und Luxemburg von einer wütenden Menschenmenge getötet worden. Doch auch das Militärgericht, das schließlich über die Morde verhandelte, kam im Mai 1919 zu einem sehr milden Urteil: Otto Wilhelm Runge wurde wegen versuchten Totschlags zu zwei Jahren Gefängnis verurteilt, Oberleutnant Kurt Vogel

In Erinnerung an die Ermordung von Rosa Luxemburg am Landwehrkanal ist der Steg einer Fußgängerbrücke nach ihr benannt und ein Denkmal für sie errichtet worden.

wegen Beseitigung einer Leiche und wissentlicher Falschmeldung zu zwei Jahren und vier Monaten. Doch schon drei Tage später konnte Vogel – von einem Offizier aus dem Gefängnis Moabit hinausgeleitet und mit falschen Papieren versorgt – unbehelligt untertauchen.

Sebastian Haffner gelangt als Chronist der deutschen Revolution 1918/19 zur Würdigung von Rosa Luxemburg: »In den großen nationalen und internationalen Kontroversen des Jahrhundertanfangs gehörte sie stets zu den Vorkämpfern. Sie war die ebenbürtige Verbündete oder Gegnerin Bebels und Kautskys, Lenins und Trotzkis, Jaurès´ und Pilsudskis. Eine unübersehbare, eine große Frau, wohl immer noch die größte des Jahrhunderts.« An der Stelle, wo die Soldaten der GKSD Rosa Luxemburg in den Landwehrkanal warfen, befindet sich heute ein Denkmal.

Denkmal für Rosa Luxemburg, Rosa-Luxemburg-Steg, 10787 Berlin

»ICH WAR, ICH BIN, ICH WERDE SEIN!«

ZENTRALFRIEDHOF FRIEDRICHSFELDE

Am 25. Januar 1919 wurden Karl Liebknecht und 30 Personen, die während der Januaraufstände getötet worden waren, auf dem Zentralfriedhof Friedrichsfelde beigesetzt. Eine Bestattung der Toten auf dem Friedhof der Märzgefallenen, wo die Opfer der Weihnachtskämpfe noch im Dezember 1918 beigesetzt wurden, hatte der Berliner Magistrat untersagt. Der Beerdigungszug und die Trauerfeier für die getöteten Revolutionäre war eine der »eindrucksvollsten Leichenfeiern«, so der sozialdemokratische *Vorwärts*, die Berlin je gesehen hatte. Der Trauerzug wurde von über 100.000 Menschen begleitet, Abertausende säumten die Straßen des Zuges. Einer der Särge war leer – er galt symbolisch Rosa Luxemburg, deren Leiche zu diesem Zeitpunkt noch nicht gefunden worden war. Die Trauerreden auf dem Friedhof hielten Paul Levi für die KPD und Luise Zietz für die USPD.

Zietz und Levi sollten am 13. Juni 1919 ebenfalls die Trauerreden für Rosa Luxemburg auf dem Zentralfriedhof Friedrichsfelde halten. Ihre Leiche war am 31. Mai im Landwehrkanal gefunden worden. Auch die Trauerfeier für Rosa Luxemburg fand unter großer Anteilnahme der Berliner Arbeiterschaft statt. Paul Levi, der 1914 insgeheim mit Luxemburg liiert war, nahm in seiner Rede Bezug auf ein Gedicht Ferdinand Freiligraths, das im Mai 1849 in der letzten Ausgabe der von Karl Marx in Köln herausgegebenen *Neuen Rheinischen Zeitung* erschienen war. Levi zitierte aus Freiligraths Gedicht: »Sie haben den Leib getötet, aber der Geist ist nicht tot geworden!« Dies war eine bewusste Referenz an den letzten Artikel von Rosa Luxemburg, den diese noch in der Mannheimer Straße für die *Rote Fahne* verfasst hatte. Luxemburg endete diesen Artikel mit den Worten: »Die Revolution wird sich morgen schon

Das Revolutionsdenkmal auf dem Zentralfriedhof Friedrichsfelde, dem sogenannten Sozialistenfriedhof. Die Nationalsozialisten ließen das Denkmal 1935 abtragen.

›rasselnd wieder in die Höh' richten‹ und zu eurem Schrecken mit Posaunenklang verkünden: Ich war, ich bin, ich werde sein!« Auch die letzten Worte Rosa Luxemburg in der *Roten Fahne* stammen aus einem Gedicht des 1848er Revolutionärs.

Sieben Jahre nach der Beerdigung von Rosa Luxemburg wurde an ihrer und Karl Liebknechts Grabstätte ein Denkmal enthüllt. Es war nach Plänen des Architekten und Mitglieds der Novembergruppe, Mies van der Rohe, errichtet worden und wurde vom einstigen Mitstreiter Luxemburgs und Liebknechts, Wilhelm Pieck, eingeweiht. 1935 ließen die Nationalsozialisten die Gräber von Luxemburg und Liebknecht einebnen und ihr Denkmal abtragen. Heute befindet sich eine Gedenktafel an der Stelle des zerstörten Denkmals.

Zentralfriedhof Friedrichsfelde, Gudrunstraße 20, 10365 Berlin

»DIE ESEL DER REVOLUTION«

PREUSSISCHES HERRENHAUS

Der Verlauf der Januarkämpfe 1919 und die zunehmende Präsenz von Freikorpstruppen in den Straßen Berlins führten zu wachsender Unzufriedenheit der Arbeiterschaft mit den regierenden Sozialdemokraten. Dies machte sich bei der ersten demokratischen Wahl zur Berliner Stadtverordnetenversammlung am 23. Februar 1919 bemerkbar: Die SPD wurde dabei unter Hugo Heimann mit 30,7 Prozent der Wählerstimmen nur zweitstärkste Kraft, während die USPD unter Hermann Weyl mit 33 Prozent die meisten Wählerstimmen erringen konnte.

Etwa eine Woche später fand vom 2. bis 6. März im Sitzungssaal des ehemaligen Preußischen Herrenhauses der sogenannte Revolutionsparteitag der USPD statt. Im Mittelpunkt der Debatte stand der Streit um das Rätesystem. Als Parteivorsitzender setzte sich Hugo Haase vehement für ein Zusammenwirken von parlamentarischer Demokratie und Rätesystem ein:»Ich habe auf dem Rätekongress schon ausgeführt, dass die Fragestellung Nationalversammlung oder Rätesystem falsch ist, dass man für die Gegenwart vielmehr sagen muss ›Nationalversammlung und Rätesystem‹.« Dagegen vertrat Ernst Däumig die Auffassung, wonach in einem bürgerlich-parlamentarischen System die Vergesellschaftung der Produktionsmittel nicht zu verwirklichen sei. Das Rätesystem sei deshalb für den Übergang zum Sozialismus unabdingbar. Der Revolutionsparteitag verabschiedete schließlich eine »Programmatische Kundgebung«, in der sich die USPD »auf den Boden des Rätesystems« stellte – die Partei »unterstützt die Räte in ihrem Ringen um die wirtschaftliche und politische Macht. Sie erstrebt die Diktatur des Proletariats, des Vertreters der großen Volksmehrheit, als notwendige Vorbedingung für die Verwirklichung des Sozialismus.«

Im Sitzungssaal des Preußischen Herrenhauses führte die USPD im März 1919 ihren sogenannten Revolutionsparteitag durch.

Als die Delegierten neben Hugo Haase auch Ernst Däumig als Parteivorsitzenden bestimmten, weigerte sich Haase sein Amt anzutreten, da Däumigs und seine politischen Auffassungen zu verschieden seien. Die USPD-Vertreter wollten jedoch nicht auf Haase als Vorsitzenden verzichten und wählten Arthur Crispien zum Co-Vorsitzenden.

Überschattet wurde der Revolutionsparteitag durch die zeitgleich stattfindenden Märzkämpfe. Die USPD-Delegierten konnten die Granateinschläge und das Maschinengewehrfeuer im Preußischen Herrenhaus hören. Hugo Haase verurteilte den Putschismus: »Die Schießprügelhelden von rechts heißt man Konterrevolutionäre, die von links Putschisten oder Anarchisten. Diese ›sind die Esel der Revolution‹.«

Preußisches Herrenhaus / Sitz des Bundesrates,
Leipziger Straße 3 – 4, 10117 Berlin

»SOFORTIGE ANERKEN-NUNG DER ARBEITER- UND SOLDATENRÄTE«

BORSIGWERKE

Im Frühjahr 1919 gärte es in den Berliner Großbetrieben: Zwar waren die Wahlen zur Nationalversammlung am 19. Januar durchgeführt worden. Doch die Belegschaften sahen in der Folge keine Verbesserung ihrer Lebensbedingungen. Stattdessen hatten sie den Eindruck, dass die von der Novemberrevolution erhoffte Sozialisierung der Industriebetriebe ausblieb, die Rätebewegung stetig zurückgedrängt wurde und die Konterrevolution in Gestalt der Freikorps an Stärke gewann. Die Belegschaft der Borsigwerke in Tegel war eine der ersten, die sich aktiv für Veränderungen einsetzte. Bei einer Betriebsversammlung am 22. Februar forderten die Arbeiter die Entwaffnung der Freikorps und die »sofortige Anerkennung der Arbeiter- und Soldatenräte, denn nur das Rätesystem ist imstande, das deutsche Wirtschaftsleben zu heben und die sozialistische Republik zu wahren«. Die Forderungen nach Stärkung der Räte und Abschaffung der Freikorps wurden in der zweiten Februarhälfte von den Belegschaften der Großunternehmen immer vehementer erhoben. Verstärkt wurden die Proteste durch die Ermordung des bayerischen Ministerpräsidenten Kurt Eisner durch den völkisch-nationalistischen Leutnant und Jurastudenten Anton Graf Arco auf Valley. Der Pazifist und Revolutionär, der Vorsitzender der Münchner USPD war, hatte in der Nacht zum 8. November 1918 den bayerischen König Ludwig III. für abgesetzt erklärt und den Freistaat Bayern ausgerufen. Für die Arbeiter der Berliner Großbetriebe war die Ermordung Eisners ein Beleg für die Ausbreitung konterrevolutionärer Aktivitäten. Der Mord führte zur weiteren politischen Radikalisierung der Belegschaften. In der Folge wurden Forderungen nach einem Streik aller Beschäftigten der Berliner Betriebe laut. Bei der Vollversammlung

Die Belegschaft der Borsigwerke in Tegel (Foto um 1925) formulierte im Februar 1919 politische Forderungen für die Weiterführung der Revolution.

der Groß-Berliner Arbeiter- und Soldatenräte am 3. März im Gewerkschaftshaus brachte ein Delegierter des AEG-Turbinenwerks in Moabit die Motive für den Generalstreik zum Ausdruck: Die Versammlung von etwa 3.000 Kollegen am Morgen in der Werkshalle habe bei zwei Gegenstimmen den Streik beschlossen, »weil sie in der Nationalversammlung nicht sozialistische Politik erblicken, sondern Arbeit, die sich gegen den Sozialismus und gegen das Proletariat richtet; des Weiteren sehen sie in der Frage über die Stellung der Arbeiterräte die größte Gefahr, dass unsere Vertretung, die die Arbeiterklasse vertreten soll, rechtlos für die Zukunft gestellt wird.« Die Vollversammlung der Groß-Berliner Arbeiter- und Soldatenräte rief am selben Tag zum Generalstreik in Berlin auf.

Borsigwerke, Am Borsigturm, 13507 Berlin

»ALSO WIR DREI LETZTEN WURDEN BUCHSTÄBLICH VERGESSEN«

MARINEHAUS

Zeitgleich mit der Ausrufung des Streiks der Berliner Großbetriebe am 3. März gab es am Alexanderplatz Ausschreitungen und Plünderungen. Diese Ereignisse hatten nichts mit dem Streik zu tun. Im Gegenteil – die Streikleitung distanzierte sich sofort von diesen »Hyänen der Revolution«. In der Folge kam es auf dem Alexanderplatz zu Kämpfen verschiedener bewaffneter Einheiten der von Gustav Noske angeforderten Regierungstruppen, vor allem der GKSD, sowie der RSW und der Volksmarinedivision, die ebenfalls regierungstreu waren. RSW und Volksmarinedivision sahen sich allerdings von der eigenen Regierung verraten, die offensichtlich nur noch die Noske unterstellten Freikorpseinheiten als ordentliche Regierungstruppen anerkannte.

Die Volksmarinedivision war nach den Kämpfen um Schloss und Marstall an Weihnachten 1918 auf eine Stärke von 800 Mann verringert worden. Darunter befanden sich viele ältere Familienväter, während die radikaleren Matrosen zumeist ausgeschieden waren. Die verbliebenen Mannschaften ließen sich wenig für revolutionäre Umstürze begeistern, weshalb sie während der Januarkämpfe 1919 neutral blieben und nicht auf das Werben von Karl Liebknecht für den Aufstand eingingen. Auch vor Beginn des Streiks im März 1919 hatte ihr Anführer Axel Schmidt die Loyalität der Volksmarinedivision gegenüber der Regierung bekräftigt, und die Matrosen waren gegen Plünderer vorgegangen. Die Kämpfe am Alexanderplatz veränderten allerdings die Haltung der Volksmarinedivision: Im Marinehaus, dem jetzigen Sitz der Volksmarinedivision, wurden von den Matrosen Waffen an Arbeiter ausgeteilt, um gemeinsam gegen die GKSD zu kämpfen. Während der bewaffneten Auseinandersetzungen am 6. März wurden die Auf-

Angehörige der Volksmarinedivision im März 1919 vor dem Marinehaus, dem damaligen Sitz der Truppe.

ständischen von den Truppen der GKSD zurückgedrängt. Schließlich musste auch das Marinehaus aufgegeben werden. Darüber berichtet der Sanitäter Arthur Myski: »Am Nachmittag kommt aus der Wallstraße her ein Motorradfahrer und staunt, dass wir noch im Marinehaus sind. Er sagt, alle anderen sind schon fort, nach Lichtenberg raus. Also wir drei letzten wurden buchstäblich vergessen. Wir drei überlegen nun, was zu tun sei. Ich gebe dem Drängen der Kameraden nach und nehme Abschied.« In der Folge der Kämpfe wurde die RSW von 16.000 auf 6.500 Mann verringert, die Volksmarinedivision ließ Gustav Noske vollständig auflösen.

Marinehaus, Märkisches Ufer 48–50, 10179 Berlin

»ER SOLLE IM AUSGIEBIGSTEM MASSE VON DER WAFFE GEBRAUCH MACHEN«

ZAHLSTELLE DER VOLKSMARINEDIVISION

Da die Ausrufung des Streiks am 3. März 1919 und die Plünderungen am Alexanderplatz zeitlich zusammenfielen, verhängte das preußische Staatsministerium den Belagerungszustand über das Gebiet von Groß-Berlin:»Um die Mehrheit der werktätigen Bevölkerung Groß-Berlins vor den terroristischen Anschlägen einer Minderheit zu schützen und vor Hungersnot zu bewahren, hat das preußische Staatsministerium für den Landespolizeibezirk Berlin, für Spandau, Teltow und Niederbarnim den Belagerungszustand erklärt.« Damit wurden viele substanzielle Rechte wie die persönliche Freiheit, Unverletzlichkeit der Wohnung, ordentliche Gerichtsbarkeit und Pressefreiheit eingeschränkt. Die vollziehende Gewalt ging nach der Verhängung des Belagerungszustands an Reichswehrminister Gustav Noske über, dem Oberbefehlshaber in den Marken. Tags darauf erteilte Noske dem Generalkommando Lüttwitz den Befehl, in Berlin einzumarschieren. Walther von Lüttwitz mobilisierte Truppen mit einer Gesamtstärke von 31.400 Mann, darunter die Freikorpsmannschaften der GKSD.

Die Freikorpstruppen hatten ihre Niederlage gegen die Volksmarinedivision zu Weihnachten 1918 nicht vergessen und sollten nun im Kontext der Märzkämpfe blutige Vergeltung üben: Den Angehörigen der Volksmarinedivision stand die letzte Soldzahlung noch aus. Nachdem in einer Zeitungsannonce für den 11. März ein Löhnungsappell ausgegeben worden war, fanden sich an diesem Tag im Gebäude der Zahlstelle der Volksmarinedivision in der Französischen Straße 32 zahlreiche Matrosen ein. Doch statt dem ausstehenden Sold erwartete sie hier Oberleutnant Otto Marloh, der Oberst Reinhard unterstand. Marloh verhaftete die eintreffenden Matrosen sofort, insgesamt etwa

Freikorpseinheiten beziehen während der Märzkämpfe 1919 eine Stellung am Spittelmarkt in Mitte.

250. Auf seine Nachfrage bei Reinhard hin, was er mit den Gefangenen machen solle, erhielt er von Oberstleutnant Gustav von Kessel die Mitteilung, »er solle im ausgiebigstem Maße von der Waffe Gebrauch machen, und wenn er 150 Mann erschösse«. Daraufhin wählte Marloh nach Gutdünken 30 Mann aus, die er exekutieren ließ. Hugo Levin überlebte das Massaker, indem er sich nach den Schüssen tot stellte. Marloh wurde im Dezember 1919 bei einem Militärgerichtsverfahren freigesprochen – er habe geglaubt, einen Dienstbefehl auszuführen. Damit bezog er sich auf einen Schießbefehl des Oberkommandierenden in den Marken sowie auf eine Anweisung an seine Division, jeden zu erschießen, der Widerstand leistete oder im Besitz einer Waffe war.

Zahlstelle der Volksmarinedivision / Robert Bosch Stiftung,
Französische Straße 32, 10117 Berlin

»ES SIND KEINE SPARTAKIS-TEN, DIE JETZT KÄMPFEN«

ALTER FRIEDHOF LICHTENBERG

Die Märzkämpfe 1919 wurden von den Regierungstruppen mit äußerster Härte und Brutalität geführt. Hintergrund dafür war auch ein Schießbefehl Noskes, der auf einer von der GKSD an die Presse lancierten Falschmeldung vom 9. März beruhte. So meldete die *B.Z. am Mittag*, dass in Lichtenberg »Spartakisten« Polizeistationen überrannt und 60 Polizeibeamte ermordet hätten. Über das WTB wurde die Presse durch die GKSD informiert: »Das Polizeipräsidium wurde gestürmt, sämtliche Einwohner, mit Ausnahme des Sohnes des Polizeipräsidenten, auf viehische Weise niedergemacht.« In der Folge verbreiteten andere Zeitungen die Falschmeldung und malten dabei phantasievoll Einzelheiten der vorgeblichen Morde aus. Der Reichswehrminister sah sich daraufhin veranlasst, einen Schießbefehl zu erlassen: »Die zunehmende Grausamkeit und Bestialität der gegen uns kämpfenden Spartakisten zwingen mich zu befehlen: Jede Person, die mit Waffen in der Hand gegen Regierungstruppen kämpfend angetroffen wird, ist sofort zu erschießen.« Damit war den Regierungstruppen de facto eine Carte blanche zum Umgang mit den Aufständischen erteilt.

Tatsächlich hatten sich die Aufständischen nach den Kämpfen am Alexanderplatz vom 6. März in Richtung der östlichen Stadtteile zurückgezogen. Gegen das Vorrücken des Militärs wurden entlang der Großen Frankfurter Straße (heute Karl-Marx-Allee) Barrikaden errichtet. Gustav Tremus, der Direktor der Gas-, Wasser- und Elektrizitätswerke, erklärte über die Zusammensetzung der Kämpfer: »Es sind keine Spartakisten, sondern eigentliche Verteidiger von Lichtenberg, die jetzt kämpfen. Matrosen, Zivilleute und Leute in Uniform.« Doch gegen die gut ausgestatteten Regierungstruppen, die Artillerie gegen die Bar-

Von Freikorpseinheiten während der Märzkämpfe 1919 erschossene Revolutionäre in Lichtenberg.

rikaden einsetzten und von Flugzeugen unterstützt wurden, waren die Aufständischen nicht gewappnet. Wenn sie sich den Freikorpssoldaten ergeben mussten, kannten diese vielmals kein Pardon. So wurden etwa am 12. März in Lichtenberg elf Gefangene an der Friedhofsmauer in der Möllendorffstraße exekutiert. Darunter befanden sich die Matrosen Albert und Fritz Gast (21 und 28 Jahre), Julian Kuklinski (34 Jahre) und Johann Karl Rudolf (18 Jahre). Der 16-jährige Hausdiener Walter Pormann wurde erschossen, so Dietmar Lange, weil er denunziert worden war, für die Matrosen den Patronengurt eines Maschinengewehrs gehalten zu haben. An der rekonstruierten Friedhofsmauer in der Möllendorffstraße befindet sich heute eine Gedenktafel von 1959, auf der die Ermordeten als »Spartakuskämpfer« bezeichnet werden.

Alter Friedhof Lichtenberg / Rathauspark,
Möllendorffstraße, 10367 Berlin

»STRASSE FREI, FENSTER ZU!«

ANDREASSCHULE

Die Kämpfe zwischen Aufständischen und Regierungstruppen im Osten Berlins dauerten bis zum 13. März. An den Kämpfen war auch der junge Kurt Nettball beteiligt, ein Mitglied der FSJ. Er berichtete über die Zusammensetzung der Aufständischen:»Die mit der Waffe in der Hand kämpfenden Arbeiter waren nicht alle Kommunisten und linke USPD-Genossen, es waren nicht wenige SPD-Mitglieder und parteilose Arbeiter dabei, aber auch viele Anarchisten und Syndikalisten.« Das Ausschlaggebende für junge Kämpfer wie Nettball war,»dass Arbeiter, genau wie wir Arbeiterjungens, hinter den Barrikaden standen«. Sie führten den»bewaffneten Kampf gegen die verhassten Militaristen, die der Bourgeoisie wieder zur alten Macht verhelfen wollten«.

Die Regierungstruppen ihrerseits legten Noskes Schießbefehl sehr weit aus, was immense Opfer unter der Zivilbevölkerung in Friedrichshain und Lichtenberg zur Folge hatte. So berichtet der Historiker Mark Jones etwa über die Aktivitäten von Max Marcus, einen 23-jährigen Veteran des Weltkriegs und nun Kommandeur über eine Militärpatrouille des Freikorps Lützow, das in der Andreasschule in Friedrichshain einquartiert war: Nachdem bereits am Morgen des 12. März Regierungssoldaten die Lange Straße abgeriegelt und die Häuser nach Aufständischen und Waffen durchsucht hatten, patrouillierte Marcus abermals durch die Straße und kommandierte:»Straße frei, Fenster zu!« Als sich in einem Wohnhaus im dritten Stock etwas am Fenster regte, schoss er – und traf die zwölfjährige Schülerin Helene Slovek in den Kopf. Danach soll der Befehlshaber der Patrouille den Fliesenleger Karl Becker (73 Jahre) und Erwine Dahle (eine junge Frau) erschossen haben. Vom Quartier der Truppe in der Andreasschule aus wurden willkürliche Er-

Barrikade von Freikorpseinheiten während der Märzkämpfe 1919 in der damaligen Großen Frankfurter Straße, Höhe Andreasstraße, in Friedrichshain.

schießungen von vorgeblich Aufständischen vorgenommen. Zu dieser Praxis erklärte der Vorgesetzte von Max Marcus, Major Brosius: »Wir bekamen häufig den Befehl, ergriffene Spartakisten zu erschießen. Das wurde entweder in der Schule oder nachts auf der Schillingbrücke ausgeführt, um unnötiges Aufsehen zu vermeiden.« Einer der an der Schillingbrücke in der Nacht zum 13. März exekutierten war der Bahnarbeiter Alfred Musick. Doch Musick überlebte verwundet, schwamm davon, wurde später von Passanten gefunden und in eine Kneipe gebracht. Dort jedoch verhaftete ihn Marcus, verschleppte ihn wieder zur Andreasschule und erschoss den Bahnarbeiter. Später wurde Marcus in einem Gerichtsverfahren zu sechs Monaten Haft wegen Unterschlagungen verurteilt.

Andreasschule / Andreas-Gymnasium, Koppenstraße 76, 10243 Berlin

»EIN FURCHTBARES MARTYRIUM BEGANN JETZT FÜR LEO JOGICHES«

Im Zuge der Märzkämpfe 1919 wurde nach Rosa Luxemburg und Karl Liebknecht eine weitere Führungspersönlichkeit der KPD ermordet – Leo Jogiches. Der aus Vilnius stammende Revolutionär hatte sich schon in jungen Jahren in der Arbeiterbewegung engagiert, lernte im Züricher Exil Rosa Luxemburg kennen und lieben und wurde während des Weltkriegs zu einer treibenden Kraft der Spartakusgruppe. Mit den Möglichkeiten der Konspiration sehr vertraut, gelangen ihm nach der Verhaftung von Rosa Luxemburg und Karl Liebknecht die Leitung der Gruppe Internationale bzw. der Spartakusgruppe sowie die Herausgabe der illegalen *Spartakusbriefe*.

Leo Jogiches trat wie Rosa Luxemburg lange gegen die Gründung einer eigenständigen Partei links von der USPD ein und warb, als es dann während der Reichskonferenz des Spartakusbundes um den Namen dieser neuen Partei ging, wie Luxemburg für Sozialistische Partei Deutschlands, womit die beiden sich nicht durchsetzen konnten. Nach der Ermordung von Rosa Luxemburg und Karl Liebknecht leitete Leo Jogiches die KPD. Ihm kam das Verdienst zu, dass die Behörden nach diesen Morden eine Untersuchung der Todesumstände aufnahmen und ein Prozess darüber stattfand: Nach intensiven Recherchen hatte Jogiches am 12. Februar 1919 auf der Titelseite der *Roten Fahne* einen Artikel veröffentlicht, der den bis dahin vertuschten Tathergang der Morde im Tiergarten aufdeckte.

Am 10. März 1919 wurde Leo Jogiches selbst in seiner Neuköllner Wohnung verhaftet und ins Untersuchungsgefängnis Moabit geliefert. Was der lange gesuchte Revolutionär dort zu erleiden hatte, beschrieb ein Mithäftling: »Ein furchtbares Martyrium begann jetzt für Leo Jo-

Im Kriminalgericht Moabit wurde der KPD-Führer Leo Jogiches im Kontext der Märzkämpfe 1919 ermordet.

giches. Man trennte ihn von uns und er musste sich zunächst an ein Fenster stellen. Später rief man ihn ins Zimmer der Offiziere, wo er unbarmherzig geschlagen wurde; es war draußen zu hören, wie man ihn marterte, und dann sahen wir, wie er hinausgestoßen wurde. In der Wachstube hörten wir einen Revolverschuss, der vom Flur des Kriminalgebäudes herkam.« Leo Jogiches war von dem Kriminalwachtmeister Ernst Tamschick durch einen Schuss in den Hinterkopf »auf der Flucht« getötet worden. Ein Verfahren gegen den Todesschützen wurde eingestellt. Im Mai 1919 erschoss Tamschick auch einen der einstigen Anführer der Volksmarinedivision, Heinrich Dorrenbach, ebenfalls »auf der Flucht«. An der Beerdigung von Leo Jogiches auf dem Zentralfriedhof Friedrichsfelde nahmen nur wenige Personen teil.

Kriminalgericht Moabit / Justizvollzugsanstalt Moabit,
Alt-Moabit 12a, 10559 Berlin

»WELCHE HAND MÜSSTE NICHT VERDORREN, DIE SICH UND UNS IN DIESE FESSELN LEGT?«

AULA DER FRIEDRICH-WILHELMS-UNIVERSITÄT

Am 7. Mai 1919 wurde der deutschen Delegation in Versailles der Friedensvertragsentwurf der Alliierten überreicht. Dieser sah für Deutschland den Verlust von rund einem Siebtel seines Gebietes, eines Zehntels seiner Bevölkerung sowie seiner Kolonien vor. Die Wehrpflicht sollte abgeschafft, das Heer auf 100.000 und die Marine auf 15.000 Mann beschränkt werden. Eine Luftwaffe durfte das Deutsche Reich künftig nicht mehr unterhalten. Deutschland wurde verpflichtet, für die Kriegsschäden Reparationen zu leisten, was mit Artikel 231 begründet wurde, in dem Deutschland und seine Verbündeten als Urheber des Krieges bezeichnet wurden. Die deutsche Politik und Bevölkerung reagierten auf diese Friedensbedingungen bestürzt und empört. Angesichts der 14 Punkte des amerikanischen Präsidenten Woodrow Wilson hatte man auf einen Frieden im Sinne des Ausgleichs und der Verständigung gehofft.

Vor diesem Hintergrund trat die Nationalversammlung, die eigentlich in Weimar tagte, am 12. Mai 1919 in der Aula der Friedrich-Wilhelms-Universität zu einer Sondersitzung zusammen. Dabei wurde von Vertretern aller Parteien Protest gegen das Vertragswerk der Alliierten erhoben. Der Präsident des Reichsministeriums, Philipp Scheidemann, erklärte für die Reichsregierung:»Wir jagen keinen nationalistischen Traumbildern nach; keine Prestigefrage und kein Machthunger haben Anteil an unseren Beratungen. Das nackte, arme Leben müssen wir für Land und Volk retten, heute, wo jeder die erdrosselnde Hand an seiner Gurgel fühlt.« Er könne nicht auf solche Friedensbedingungen eingehen:»Welche Hand müsste nicht verdorren, die sich und uns in diese Fesseln legt?« Deshalb folgerte der Sozialdemokrat, dass dieser

Philipp Scheidemann während der Sitzung der Nationalversammlung am 12. Mai 1919 in der Aula der Friedrich-Wilhelms-Universität im Gebäude der sogenannten Kommode.

Vertrag für die Reichsregierung unannehmbar sei. Es folgte minuten-langer Beifall im Hause und auf den Tribünen, die Versammlung erhob sich unter stürmischen Bravo-Rufen.

Doch der Protest der Nationalversammlung nutzte so wenig wie der von Spitzenverbänden der Unternehmer und Gewerkschaften vom 20. Mai oder die Bemühungen der deutschen Friedensdelegation un-ter Leitung von Reichsaußenminister Graf Brockdorff-Rantzau in Ver-sailles – die alliierten Staatsmänner Georges Clemenceau, David Lloyd George und Woodrow Wilson rückten von diesen Friedensbedingun-gen nicht mehr ab. So mussten schließlich Reichsaußenminister Her-mann Müller und Reichsverkehrsminister Johannes Bell am 28. Juni 1919 im Spiegelsaal von Versailles den Friedensvertrag unterzeichnen.

Aula der Friedrich-Wilhelms-Universität /
Humboldt-Universität, Bebelplatz 2, 10117 Berlin

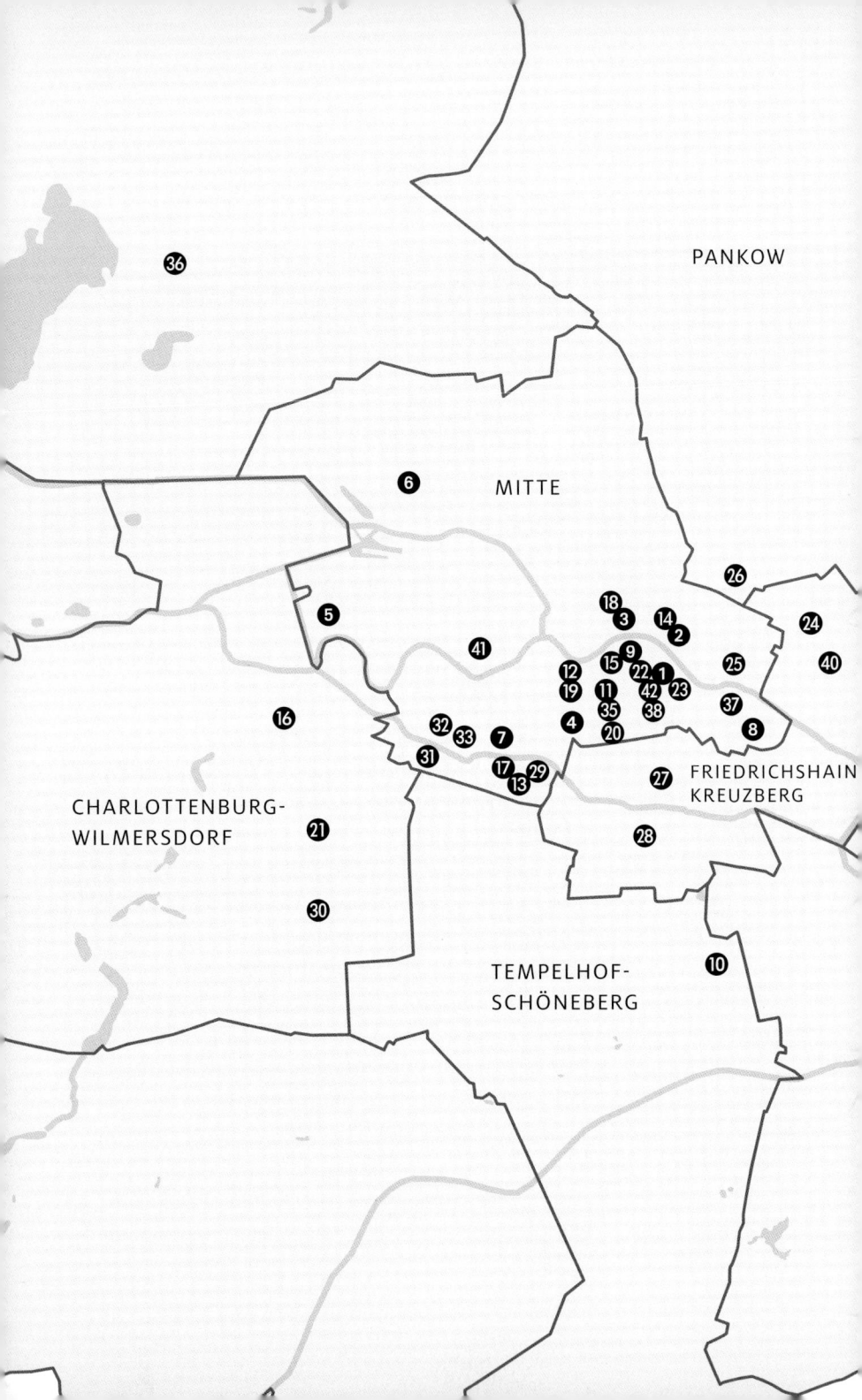

PANKOW

MITTE

FRIEDRICHSHAIN
KREUZBERG

CHARLOTTENBURG-
WILMERSDORF

TEMPELHOF-
SCHÖNEBERG

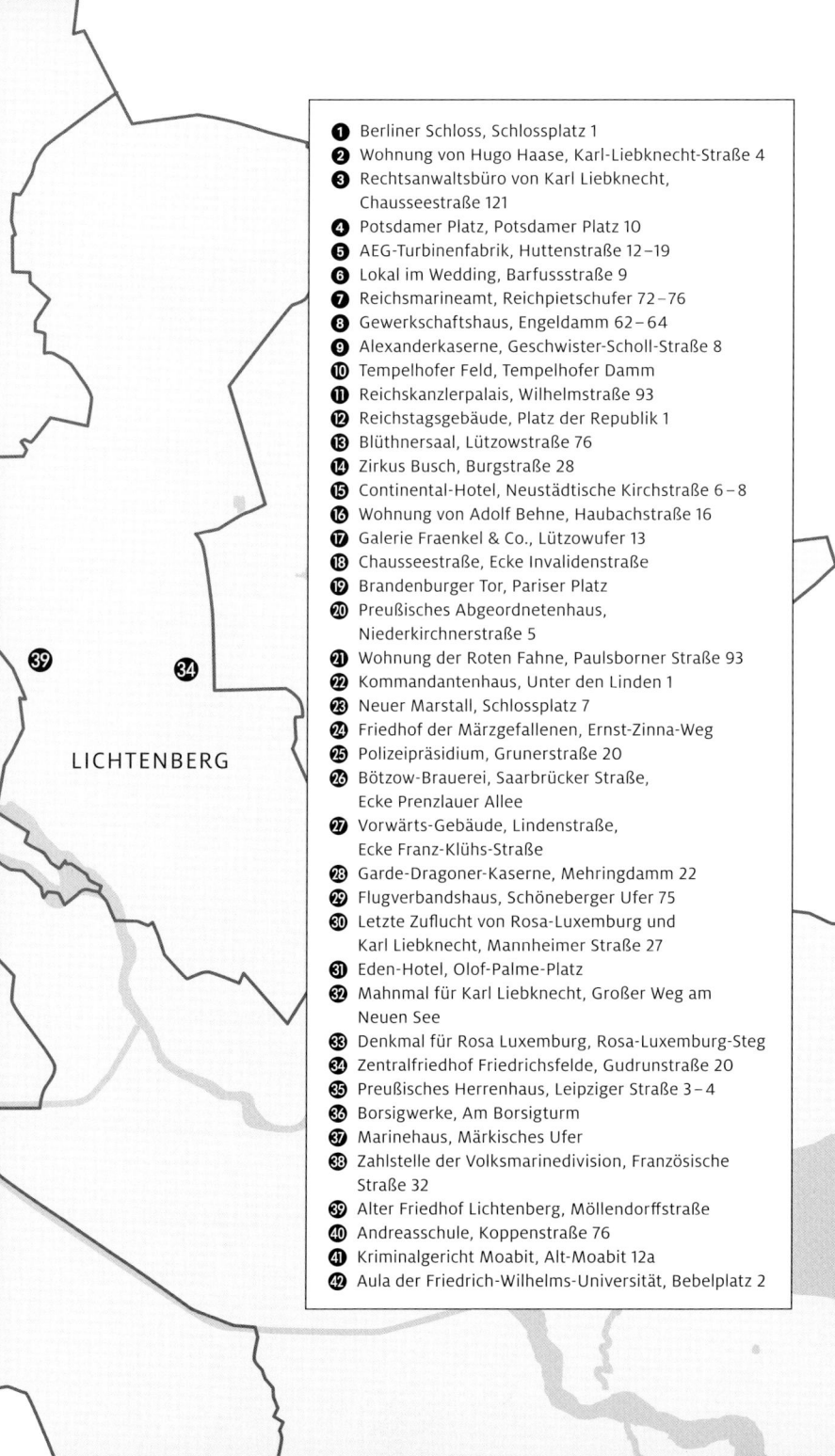

❶ Berliner Schloss, Schlossplatz 1
❷ Wohnung von Hugo Haase, Karl-Liebknecht-Straße 4
❸ Rechtsanwaltsbüro von Karl Liebknecht, Chausseestraße 121
❹ Potsdamer Platz, Potsdamer Platz 10
❺ AEG-Turbinenfabrik, Huttenstraße 12–19
❻ Lokal im Wedding, Barfussstraße 9
❼ Reichsmarineamt, Reichpietschufer 72–76
❽ Gewerkschaftshaus, Engeldamm 62–64
❾ Alexanderkaserne, Geschwister-Scholl-Straße 8
❿ Tempelhofer Feld, Tempelhofer Damm
⓫ Reichskanzlerpalais, Wilhelmstraße 93
⓬ Reichstagsgebäude, Platz der Republik 1
⓭ Blüthnersaal, Lützowstraße 76
⓮ Zirkus Busch, Burgstraße 28
⓯ Continental-Hotel, Neustädtische Kirchstraße 6–8
⓰ Wohnung von Adolf Behne, Haubachstraße 16
⓱ Galerie Fraenkel & Co., Lützowufer 13
⓲ Chausseestraße, Ecke Invalidenstraße
⓳ Brandenburger Tor, Pariser Platz
⓴ Preußisches Abgeordnetenhaus, Niederkirchnerstraße 5
㉑ Wohnung der Roten Fahne, Paulsborner Straße 93
㉒ Kommandantenhaus, Unter den Linden 1
㉓ Neuer Marstall, Schlossplatz 7
㉔ Friedhof der Märzgefallenen, Ernst-Zinna-Weg
㉕ Polizeipräsidium, Grunerstraße 20
㉖ Bötzow-Brauerei, Saarbrücker Straße, Ecke Prenzlauer Allee
㉗ Vorwärts-Gebäude, Lindenstraße, Ecke Franz-Klühs-Straße
㉘ Garde-Dragoner-Kaserne, Mehringdamm 22
㉙ Flugverbandshaus, Schöneberger Ufer 75
㉚ Letzte Zuflucht von Rosa-Luxemburg und Karl Liebknecht, Mannheimer Straße 27
㉛ Eden-Hotel, Olof-Palme-Platz
㉜ Mahnmal für Karl Liebknecht, Großer Weg am Neuen See
㉝ Denkmal für Rosa Luxemburg, Rosa-Luxemburg-Steg
㉞ Zentralfriedhof Friedrichsfelde, Gudrunstraße 20
㉟ Preußisches Herrenhaus, Leipziger Straße 3–4
㊱ Borsigwerke, Am Borsigturm
㊲ Marinehaus, Märkisches Ufer
㊳ Zahlstelle der Volksmarinedivision, Französische Straße 32
㊴ Alter Friedhof Lichtenberg, Möllendorffstraße
㊵ Andreasschule, Koppenstraße 76
㊶ Kriminalgericht Moabit, Alt-Moabit 12a
㊷ Aula der Friedrich-Wilhelms-Universität, Bebelplatz 2

LICHTENBERG

㊴

㉞

LITERATUR

Adolph, Hans J. L.: Otto Wels und die Politik der deutschen Sozialdemokratie 1894–1939. Eine politische Biographie, Berlin 1971.

Arbeitsrat für Kunst. Berlin 1918–1921. Ausstellung in der Akademie der Künste vom 29. Juni bis 3. August 1980, Berlin 1980.

Bieber, Hans-Joachim: Bürgertum in der Revolution. Bürgerräte und Bürgerstreiks in Deutschland 1918–1920, Hamburg 1992.

Bock, Hans Manfred: Geschichte des »linken Radikalismus« in Deutschland. Ein Versuch, Frankfurt/M. 1976.

Dittmann, Wilhelm: Erinnerungen. Bearbeitet und eingeleitet von Jürgen Rojahn. 3 Bde., Frankfurt/M./New York 1995.

Dokumente und Materialien zur Geschichte der deutschen Arbeiterbewegung. Hrsg. vom Institut für Marxismus-Leninismus beim Zentralkomitee der Sozialistischen Einheitspartei Deutschlands. Reihe II: 1914–1945. Bd. 2: November 1917 – Dezember 1918, Berlin 1975.

Engel, Gerhard/Holtz, Bärbel/Huch, Gaby/Materna, Ingo (Hrsg.): Groß-Berliner Arbeiter- und Soldatenräte in der Revolution 1918/19. Dokumente der Vollversammlungen und des Vollzugsrates. Vom 1. Reichsrätekongress bis zum Generalstreikbeschluss am 3. März 1919, Berlin 1997.

Engel, Gerhard/Huch, Gaby/Materna, Ingo (Hrsg.): Groß-Berliner Arbeiter- und Soldatenräte in der Revolution 1918/19. Dokumente der Vollversammlungen und des Vollzugsrates. Vom Generalstreikbeschluss am 3. März 1919 bis zur Spaltung der Räteorgane im Juli 1919, Berlin 2002.

Engel, Gerhard: Johann Knief – ein unvollendetes Leben, Berlin 2011.

Engelmann, Dieter/Naumann, Horst: Zwischen Spaltung und Vereinigung. Die Unabhängige Sozialdemokratische Partei Deutschlands in den Jahren 1917–1922, Berlin 1993.

Feldman, Gerald D./Steinisch, Irmgard: Industrie und Gewerkschaften 1918–1924. Die überforderte Zentralarbeitsgemeinschaft, Stuttgart 1985.

Feldman, Gerald D.: Hugo Stinnes. Biographie eines Industriellen 1870–1924, München 1998.

Fischer, Anton: Die Revolutions-Kommandantur Berlin, Berlin 1922.

Führer, Karl Christian: Carl Legien 1865–1921. Ein Gewerkschafter im Kampf um ein »möglichst gutes Leben« für alle Arbeiter, Essen 2009.

Gaida, Oliver/Kitschun, Susanne: Die Revolutionsopfer von 1918 auf dem Friedhof der Märzgefallenen. Biographien und Hintergründe, Berlin 2017.

Gallus, Alexander: Heimat »Weltbühne«. Eine Intellektuellengeschichte im 20. Jahrhundert, Göttingen 2012.

Geyer, Curt: Die revolutionäre Illusion. Zur Geschichte des linken Flügels der USPD. Herausgegeben von Wolfgang Benz und Hermann Graml, Stuttgart 1976.

Gietinger, Klaus: Der Konterrevolutionär. Waldemar Pabst – eine deutsche Karriere, Hamburg 2009.

Gietinger, Klaus: November 1918. Der verpasste Frühling des 20. Jahrhunderts, Hamburg 2018.

Goldbach, Marie-Luise: Karl Radek und die deutsch-sowjetischen Beziehungen 1918–1923, Bonn 1973.

Grebing, Helga: Frauen in der deutschen Revolution 1918/19, Heidelberg 1994.

Groener, Wilhelm: Lebenserinnerungen. Jugend, Generalstab, Weltkrieg, Göttingen 1957.

Grohmann, Will: Zehn Jahre Novembergruppe, Berlin 1928.

Gumbel, Emil Julius: Vier Jahre politischer Mord und Denkschrift des Reichsjustizministers zu »Vier Jahre politischer Mord«, Heidelberg 1980.

Gutjahr, Wolf-Dietrich: Revolution muss sein. Karl Radek – die Biographie, Köln/Weimar/Wien 2012.

Haffner, Sebastian: Die deutsche Revolution 1918/19, Reinbek [4]2015.

Hiller, Kurt (Hrsg.): Das Ziel. Jahrbücher für geistige Politik. Bd. 3.1, Leipzig 1919.

Hoffrogge, Ralf: Richard Müller. Der Mann hinter der Novemberrevolution, Berlin 2008.

Holste, Heiko: Warum Weimar? Wie Deutschlands erste Republik zu ihrem Geburtsort kam, Wien/Köln/Weimar 2018.

Jones, Mark: Am Anfang war Gewalt. Die deutsche Revolution 1918/19 und der Beginn der Weimarer Republik, Berlin 2017.

Käppner, Joachim: 1918 – Aufstand für die Freiheit. Die Revolution der Besonnenen, München 2017.

Kessler, Harry Graf: Das Tagebuch (1880–1937). Hrsg. von Roland S. Kamzelak und Ulrich Ott. Bd. 6: 1916–1918. Hrsg. von Günter Riederer, Stuttgart 2006.

Kessler, Harry Graf: Das Tagebuch (1880–1937). Hrsg. von Roland S. Kamzelak und Ulrich Ott. Bd. 7: 1919–1923. Hrsg. von Angela Reinthal, Stuttgart 2007.

Kliemann, Helga: Die Novembergruppe, Berlin 1969.

Kluge, Ulrich: Soldatenräte und Revolution. Studien zur Militärpolitik in Deutschland 1918/19, Göttingen 1975.

Knobloch, Heinz: »Meine liebste Mathilde« Das unauffällige Leben der Mathilde Jacob, Berlin 1986.

Koch, Hannsjoachim W.: Der deutsche Bürgerkrieg. Eine Geschichte der deutschen und österreichischen Freikorps 1918 – 1923, Berlin 1978.

Kolb, Eberhard: Die Arbeiterräte in der deutschen Innenpolitik. 1918–1919, Frankfurt/M. 1978.

Krebs, Diethart: Die Novemberrevolution Berlin 1918/19 in zeitgenössischen Foto-Postkarten, Berlin 1983.

Krumeich, Gerd: Die Dolchstoß-Legende, in: Etienne François/Hagen Schulze (Hrsg.): Deutsche Erinnerungsorte. Bd. 1, München 2009, S. 585–599.

Lange, Dietmar: Massenstreik und Schießbefehl. Generalstreik und Märzkämpfe in Berlin 1919, Münster 2012.

Luban, Ottokar: Die Massenstreiks für Frieden und Demokratie im Ersten Weltkrieg, in: Chaja Boebel/Lothar Wentzel (Hrsg.): Streiken gegen den Krieg! Die Bedeutung der Massenstreiks in der Metallindustrie vom Januar 1918, Hamburg ²2015, S. 11–26.

Luxemburg, Rosa: Gesammelte Briefe. Bd. 5, Berlin 1984.

Luxemburg, Rosa: Gesammelte Werke. Bd. 4: August 1914 bis Januar 1919, Berlin 1983.

Maser, Werner: Reichspräsident Friedrich Ebert. Sozialdemokrat und Patriot. Eine politische Biographie, Stegen am Ammersee 2007.

Matelowski, Anke: Die Berliner Secession 1899–1937. Chronik, Kontext, Schicksal, Wädenswil 2017.

Miller, Susanne (Bearb.): Die Regierung der Volksbeauftragten 1918/19. 2 Bde., Düsseldorf 1969.

Miller, Susanne: Die Bürde der Macht. Die deutsche Sozialdemokratie 1918–1920, Düsseldorf 1978.

Müller, Richard: Eine Geschichte der Novemberrevolution, Berlin ⁶2012.

Münkler, Herfried: Der Große Krieg. Die Welt 1914 bis 1918, Reinbek ²2017.

Neitzel, Sönke: Weltkrieg und Revolution. 1914–1918/19, Berlin 2008.

Niess, Wolfgang: Die Revolution von 1918/19. Der wahre Beginn unserer Demokratie, Berlin 2017.

Oertzen, Peter von: Betriebsräte in der Novemberrevolution. Eine politikwissenschaftliche Untersuchung über Ideengehalt und Struktur der betrieblichen und wirtschaftlichen Arbeiterräte in der deutschen Revolution 1918/19, Düsseldorf 1963.

Petzold, Joachim: Der 9. November 1918 in Berlin, Berlin 1958.

Prager, Eugen: Das Gebot der Stunde. Geschichte der USPD, Berlin/Bonn ⁴1980.

Regulski, Christoph: »Lieber für die Ideale erschossen werden, als für die sogenannte Ehre fallen.« Albin Köbis, Max Reichpietsch und die deutsche Matrosenbewegung 1917, Wiesbaden 2014.

Ritter, Gerhard A./ Miller, Susanne (Hrsg.): Die deutsche Revolution 1918/1919. Dokumente, Frankfurt/M. ²1983.

Rotheit, Rudolf: Das Berliner Schloss im Zeichen der Novemberrevolution, Berlin 1923.

Scheidemann, Philipp: Memoiren eines Sozialdemokraten. 2 Bde., Hamburg 2010.

Schüddekopf, Otto-Ernst: Karl Radek in Berlin. Ein Kapitel deutsch-russischer Beziehungen im Jahre 1919, Hannover 1962.

Schulze, Hagen: Freikorps und Republik. 1918–1920, Boppard 1969.

Schulze, Hagen: Weimar. Deutschland 1917–1933, Berlin 1994.

Seidemann, Maria: Rosa Luxemburg und Leo Jogiches. Die Liebe in den Zeiten der Revolution, Berlin 1998.

Seils, Ernst-Albert: Hugo Haase. Ein jüdischer Sozialdemokrat im deutschen Kaiserreich. Sein Kampf für Frieden und soziale Gerechtigkeit, Frankfurt/M. 2016.

Stadtler, Eduard: Als Antibolschewist. 1918/19, Düsseldorf 1935.

Steneberg, Eberhard: Arbeitsrat für Kunst. Berlin 1918–1921, Düsseldorf 1987.

Thaer, Albrecht von: Generalstabsdienst an der Front und in der OHL. Aus Briefen und Tagebuchaufzeichnungen 1915–1919, Göttingen 1958.

Trotnow, Helmut: Karl Liebknecht. Eine politische Biographie, Köln 1980.

Ullrich, Volker: Die Revolution von 1918/19, München 2009.

Voßke, Heinz/Nitzsche, Gerhard: Wilhelm Pieck. Biographischer Abriss, Berlin 1975.

Weber, Hermann (Hrsg.): Die Gründung der KPD. Protokoll und Materialien des Gründungsparteitages der Kommunistischen Partei Deutschlands 1918/1919, Berlin 1993.

Weber, Hermann: Das Prinzip Links. Beiträge zur Diskussion des demokratischen Sozialismus in Deutschland 1848–1990. Eine Dokumentation, Berlin 1992.

Weipert, Axel: Die Zweite Revolution. Rätebewegung in Berlin 1919/1920, Berlin 2015.

Wende, Peter (Hrsg.): Politische Reden III. 1914–1945, Frankfurt/M. 1994.

Wette, Wolfram: Gustav Noske. Eine politische Biographie, Düsseldorf 1987.

Wheeler, Robert F.: USPD und Internationale. Sozialistischer Internationalismus in der Zeit der Revolution, Frankfurt/M. 1975.

Winkler, Heinrich August: Weimar 1918–1933. Die Geschichte der ersten deutschen Demokratie, München [4]2005.

Wohlgemuth, Heinz: Die Entstehung der Kommunistischen Partei Deutschlands. Überblick, Berlin [2]1978.

ABKÜRZUNGSVERZEICHNIS

AEG – Allgemeine Elektricitätsgesellschaft
AfK – Arbeitsrat für Kunst
B.Z. am Mittag – Berliner Zeitung am Mittag
DDP – Deutsche Demokratische Partei
DDR – Deutsche Demokratische Republik
DMV – Deutscher Metallarbeiterverband
FSJ – Freie Sozialistische Jugend
GKSD – Grade-Kavallerie-Schützen-Division
IKD – Internationale Kommunisten Deutschlands

ISPD – Internationale Sozialistische Partei Deutschlands
KPD – Kommunistische Partei Deutschlands
OHL – Oberste Heeresleitung
RSW – Republikanische Soldatenwehr
S.M. – Seine Majestät
SAG – Sozialdemokratische Arbeitsgemeinschaft
SED – Sozialistische Einheitspartei Deutschlands
SPD – Sozialdemokratische Partei Deutschlands
USPD – Unabhängige Sozialdemokratische Partei Deutschlands
WTB – Wolff'sches Telegraphen-Bureau
ZAG – Zentralarbeitsgemeinschaft

ABBILDUNGSNACHWEIS

akg images: 39, 43, 45, 53, 59, 79, 105, 107, 117
Arbeitsrat für Kunst Berlin 1918 –1921, Ausstellungskatalog, Akademie der Künste, Berlin 1980: 63
Bildarchiv Foto Marburg: 91
bpk: 55 (Römer, Willy), 69 (Kunstbibliothek, SMB, Photothek Willy Römer/Römer, Willy), 71 ((Kunstbibliothek, SMB, Photothek Willy Römer/Römer, Willy), 73 (Coll. Michel Lefebvre/adoc-photos), 87
Bundesarchiv: 11 (Bild 183-R04169), 19 (Bild 183-R24205), 23 (Bild 183-G0627-0600-001), 27 (Bild 146-1971-012-25/Michaelis), 31 (Bild 183-R22971), 33 (Bild 146-1970-096-05), 49 (Bild 146-2015-0005/Sennecke, Robert), 51 (Bild 183-R94937), 65 (Bild 183-R74623), 77 (Bild 183-N0904-314), 83 (Bild 183-R29307), 101 (Bild 183-H29710), 103 (Bild 3785-002), 109 (Bild 183-R31611), 111 (Bild 183-R34549), 113 (Bild 183-19000-0653), Umschlagvorderseite oben (Bild 146-1970-051-33) u. unten (Bild 183-R25776)
Fotolia: 47
Landesarchiv Berlin: 93 (F. Rep. 290, II9599), 115 (F. Rep. 290, II576)
ullstein bild: 75, 95
Verlagsarchiv: 61
Wenk, Charlotte: 35, 37, 41, 85, 97, 99
www.grammophon-platten.de: 57
www.rotermorgen.info: 15
Wikipedia: 67, 81, 89 (Zägel, Jörg)

PERSONENREGISTER

DANKSAGUNG

Für ihre Gesprächsbereitschaft und Hinweise bin ich sehr verbunden Georg Baumgartner (Berliner Geschichtswerkstatt), Florian Bielefeld (Museum Charlottenburg-Wilmersdorf), Dr. Marcel Bois (Universität Hamburg), Melanie Dore (Paul Singer e. V.), Prof. em. Dr. Gerhard Engel (Am Mellensee), Prof. Dr. Karl Christian Führer (Universität Hamburg), Dr. Kerstin Hinrichs (Humboldt-Universität zu Berlin), Dr. Ralf Hoffrogge (Ruhr-Universität Bochum), Dr. Heiko Holste (Berlin), Jürgen Karwelat (Berliner Geschichtswerkstatt), Prof. em. Dr. Gerd Krumeich (Heinrich-Heine-Universität Düsseldorf), Dr. Michaela Kuhnhenne (Hans-Böckler-Stiftung), Angelika Nawroth (Zentrum für Militärgeschichte und Sozialwissenschaften der Bundeswehr), Prof. Dr. Sönke Neitzel (Universität Potsdam), Dr. Janina Nentwig (Berlinische Galerie), Dietmar Lange (FU Berlin), Christian Platz (Andreas-Gymnasium, Berlin), Dr. Christoph Regulski (Frankfurt am Main), Prof. Dr. Irmgard Steinisch (York University, Toronto), Dr. Rudolf Tschirbs (Bochum), Dr. Volker Ullrich (Hamburg), Günter Watermeier (AG Geschichtsort Dragonerareal Berlin) und Dr. Axel Weipert (Berlin).

DER AUTOR

Ingo Juchler, geboren 1962 in Mannheim, studierte Politikwissenschaft, Germanistik, Geschichte und Erziehungswissenschaft an den Universitäten Trier und Marburg. Nach Lehrtätigkeiten an der PH Weingarten sowie den Universitäten Augsburg und Göttingen ist er seit 2010 Professor für Politische Bildung an der Universität Potsdam. Juchler beschäftigt sich intensiv mit der politischen Geschichte Berlins. Seit 2010 ist er Mitglied des Wissenschaftlichen Beirates der Bundeszentrale für politische Bildung.